CATALOGUE

DE LA

COLLECTION DE TABLEAUX

ANCIENS & MODERNES

DES ÉCOLES FLAMANDE, HOLLANDAISE ET FRANÇAISE

composant la galerie de M. Gustave Coûteaux

DONT LA VENTE AUX ENCHÈRES PUBLIQUES AURA LIEU A BRUXELLES

RUE FOSSÉ-AUX-LOUPS, 64

les Lundi 20, Mardi 21 et Mercredi 22 Mars 1865

à une heure de l'après-midi

PAR LE MINISTÈRE DE Mᵉ VERGOTE, NOTAIRE

1, rue de Ligne

et sous la direction de **M. ÉTIENNE LE ROY**

COMMISSAIRE-EXPERT DU MUSÉE ROYAL

12, Place du Grand-Sablon, chez lesquels se distribue le présent catalogue.

EXPOSITION PUBLIQUE

Les Samedi 18 et Dimanche 19 mars 1865, de 10 h. du matin à 4 h. de relevée.

Prix : 1 franc.

BRUXELLES

IMPRIMERIE ET LITHOGRAPHIE DE E. GUYOT

Rue de Pachéco, 12.

1865

CATALOGUE

DE LA

COLLECTION DE TABLEAUX

ANCIENS & MODERNES

de M. Gustave Coûteaux.

CONDITIONS DE LA VENTE.

Les tableaux seront vendus tels qu'ils sont décrits au catalogue.

Les acquéreurs sont tenus de prendre livraison de leurs marchés à la fin de chaque séance, contre payement comptant du prix principal, augmenté de *dix pour cent* applicables aux frais.

A défaut de payement, il sera facultatif au vendeur de revendre les objets aux frais, risques et périls de l'acheteur défaillant.

On aura le plus grand soin des articles adjugés jusqu'à leur payement et leur livraison; cependant on ne garantit point les accidents qui peuvent survenir après l'adjudication.

La hauteur et la largeur sont indiquées, à la suite de la description de chaque Tableau, en mètres et en centimètres.

CATALOGUE

DE LA

COLLECTION DE TABLEAUX

ANCIENS & MODERNES

DES ÉCOLES FLAMANDE, HOLLANDAISE ET FRANÇAISE

composant la galerie de M. Gustave Coûteaux

DONT LA VENTE AUX ENCHÈRES PUBLIQUES AURA LIEU A BRUXELLES

RUE FOSSÉ-AUX-LOUPS, 64

les Lundi 20, Mardi 21 et Mercredi 22 Mars 1865

à une heure de l'après-midi

PAR LE MINISTÈRE DE Mᵉ VERGOTE, NOTAIRE

1, rue de Ligne

et sous la direction de M. ÉTIENNE LE ROY

COMMISSAIRE-EXPERT DU MUSÉE ROYAL

12, Place du Grand-Sablon, chez lesquels se distribue le présent catalogue.

EXPOSITION PUBLIQUE

Les Samedi 18 et Dimanche 19 mars 1865, de 10 h. du matin à 4 h. de relevée.

Prix : 1 franc.

BRUXELLES

IMPRIMERIE ET LITHOGRAPHIE DE E. GUYOT

Rue de Pachéco, 12.

1865

INTRODUCTION.

Le nom de M. Gustave Coûteaux est trop honorable‑
ment connu dans le monde des arts pour qu'il soit néces-
saire ici d'insister sur le mérite de l'importante collection de tableaux, presque tous modernes, dont se
compose sa galerie, qui sera vendue aux enchères publiques, à Bruxelles, le 20 mars 1865.

Les nombreuses relations d'affaires que, depuis plus de
trente ans, M. Gustave Coûteaux entretenait avec les
principaux amateurs de la Belgique et des pays étrangers,
lui fournissaient les moyens de faire des commandes
multipliées aux artistes les plus distingués, le plus en
vogue de notre époque, avec lesquels il se trouve en
même temps lié d'amitié.

Mais, depuis un certain laps de temps, n'ayant plus
comme par le passé le loisir de s'occuper des soins

qu'exige le placement de ses tableaux, il a vu se réunir chez lui un grand nombre de productions du même artiste, et cela en vertu du mérite des œuvres, comme par suite de la confiance que lui inspiraient le talent et l'avenir de ces peintres. Il savait, en effet, que quelques démarches actives lui suffiraient pour répartir convenablement ces productions de choix dans les collections d'amateurs étrangers.

Mais le temps pour ces démarches manque aujourd'hui à M. Gustave Coûteaux qui renonce volontairement à la possession des tableaux et des différentes collections d'objets d'art qu'il avait recueillis avec autant d'efforts que de soins.

Comme chef d'une maison de banque, comme fondateur de la Société civile l'Union immobilière, sans parler des devoirs que lui impose son mandat de membre du Conseil communal de Bruxelles et d'autres fonctions publiques, M. Gustave Coûteaux n'a plus de loisirs à consacrer à l'entretien et à l'accroissement de sa galerie.

C'est la troisième galerie importante, fondée de nos jours à Bruxelles, qui va se disperser au feu des enchères ; les collections formées par M. Van den Berghen et par M. Van Becelaere ont été l'objet d'une vive émulation, également réservée aux tableaux dont le catalogue attaché à cette introduction fait apprécier le mérite ; mérite, du reste bien connu de tous les amateurs belges, ainsi que des touristes du grand monde, qui dans leur passage à Bruxelles, ont tous profité de la gracieuse hospitalité avec laquelle M. Gustave Coûteaux ouvrait l'accès de sa galerie.

On sait que les Écoles belge, française, hollandaise, y sont représentées par leurs maîtres les plus célèbres, les plus aimés. La plupart de ces maîtres sont vivants ; et l'authenticité de leurs œuvres ne comporte aucun doute. Quant aux artistes éminents que la mort a frappés au milieu du cours de leurs succès, nous pensons que cette consécration suprême fera encore mieux rechercher des compositions qui sont entrées, en quelque sorte, dans le domaine du passé, et pour lesquelles a commencé l'impartiale et sérieuse appréciation de la postérité.

En même temps, quelques pages d'élite, émanées de maîtres anciens, toutes authentiques, et que nous plaçons à la seconde partie du catalogue, achèvent de recommander cette vente aux sympathies des gens de goût.

On verra donc se reproduire pour cette riche collection un fait que nous avons déjà signalé, c'est que les bons tableaux, les œuvres de choix, les compositions vraiment inspirées, et cela dans les Écoles anciennes comme dans les Écoles contemporaines, sont vivement recherchés à des prix toujours plus élevés ; car les ventes publiques ressemblent à la pierre de touche qui constate la valeur de l'or.

L'épreuve faite avec succès, surtout depuis une douzaine d'années, ne peut manquer d'avoir lieu, le **20** mars.

Nous n'avons accepté le mandat que M. Gustave Coûteaux a bien voulu nous confier qu'après avoir reçu de lui l'assurance formelle que sa vente était sérieuse, et qu'il avait bien résolu d'abandonner aux enchères publiques, et cela sans aucune réserve, tous les tableaux et objets d'art qui composent ses différentes collections. Il sait trop bien que l'homme de goût qui a employé avec sagacité, avec les lumières de l'expérience, ses capitaux à l'achat d'œuvres d'art, trouve toujours des acheteurs sérieux, n'hésitant point à rechercher des productions dont la valeur monte au lieu de baisser.

Aussi, nous croyons devoir appeler spécialement l'attention réfléchie des amateurs ainsi que des spéculateurs, sur une vente leur fournissant l'occasion bien rare d'enrichir leurs collections d'œuvres remarquables, dont l'authenticité est incontestable, et qu'ils pourront se procurer, dans cette circonstance exceptionnelle, avec toutes les garanties désirables.

Étienne Le Roy.

CATALOGUE.

ÉCOLES MODERNES.

1. BÉRANGER (Jean-Baptiste).

LA COUTURIÈRE.

Assise sur un fauteuil en velours rouge, auprès d'une fenêtre, une jeune personne enfile son aiguille.

Un ruban de satin blanc retient ses cheveux ; elle porte une robe verte à lignes blanches avec des fleurs ; son jupon est gris, et sur ses genoux repose une pièce de damas jaune, qu'elle était occupée à coudre, avant d'interrompre son travail pour renouveler le fil de son aiguille.

Près d'elle, une corbeille contenant de l'ouvrage. Dans le fond, une armoire, une aiguière avec un bassin, au-dessus un petit miroir.

Hauteur 44 cent. Largeur 35 cent. Bois.

2. ## BODMER (KARL).

VUE D'UNE MARE SITUÉE DANS UNE FORÊT.

Au premier plan, s'étend une mare aux bords entourés de plantes aquatiques, et dont les eaux reflètent les arbres de la forêt, enveloppée dans l'ombre ainsi que la mare qu'elle ombrage.

Au deuxième plan, succède un terrain couvert de verdure.

La forêt, située sur un terrain plus élevé, se prolonge de la gauche du premier plan jusqu'au fond. Quelques biches l'animent, et dans la mare barbottent des canards.

Des montagnes cernent à droite cette partie de l'horizon sur lequel brille un ciel d'azur.

Hauteur 81 cent. Largeur 1 mètre 50 cent. toile.

---

3. ## BOURGES (LÉONIDE).

LE LAC.

Que l'on ne cherche point ici le caractère poétique dont Alphonse de Lamartine a marqué un de ses chefs-d'œuvre, une de ses plus ravissantes compositions.

C'est la réalité et non l'idéal que représente le peintre. Au bord d'un lac où s'élèvent des plantes aquatiques, une bonne ménagère lave prosaïquement du linge. A droite, on voit un enclos, derrière lequel se dressent des peupliers à côté de massifs d'arbres de différentes essences ; enfin à gauche, un bois touffu côtoie les bords du lac, en complétant cette composition remplie de charme.

Hauteur 20 cent. Largeur 37 cent. Bois.

4. BRILLOUIN (Georges).

RONDE MILITAIRE.

Un officier d'une corpulence énorme, d'une main appuyé
sur le bord d'un parapet, de l'autre tenant son bâton de com-
mandement, s'est arrêté pour se livrer à un accès d'hilarité.

Le spectateur croit entendre les bruyants éclats de rire du
chef, dont la joie contagieuse a gagné les guerriers qui l'entourent. Un d'eux, placé à la gauche de l'officier, montre du
doigt la cause de cette explosion de gaieté. Les autres
soldats se courbent sur le parapet, ou sur leurs armes.

Hauteur 20 cent. Largeur 25 cent. Bois.

---

5. BRILLOUIN (Georges).

LE PETIT THÉATRE.

· A droite, sur une table est posé un théâtre, objet de l'attention d'un petit garçon, et d'une petite fille qui se hausse
sur la pointe des pieds afin de mieux contempler le spectacle
en miniature étalé devant ses regards avides. Une autre petite
fille examine aussi du haut d'une chaise sur laquelle la soutient
une bonne vieille, qui n'est pas moins charmée que les enfants
d'une distraction qu'elle savoure avec bonheur.

Hauteur 26 cent. Largeur 21 cent.

---

6. CALAME (Alexandre).

PAYSAGE SUISSE.

Élève de Diday, de Genève, et devenu un des plus vaillants
champions de cette école suisse, que l'on avait jugée long-

temps impossible, parce que l'on prétendait que le caractère imposant des sites alpestres ne pouvait pas se reproduire sur la toile, Calame est mort dans la force de l'âge, après avoir vécu assez pour sa gloire, trop peu de temps pour l'art et pour les nombreux admirateurs de son talent. La Belgique surtout, le regrette : car il était, depuis 1847, associé de la classe des arts de l'Académie royale de Bruxelles, membre effectif de l'Académie royale des Beaux-Arts d'Anvers, et le Roi l'avait nommé chevalier de l'ordre de Léopold, à la suite de notre exposition nationale de 1845, où son beau tableau des *Temples de Pœstum* produisit une sensation profonde.

Toutes les qualités d'observation sagace et d'exécution fidèle, qui recommandent les œuvres de Calame, se retrouvent dans ce paysage suisse, occupé au premier plan, par une mare, dont les eaux sont parfaitement touchées. Des herbes à la verdure luxuriante, animent le centre de la composition. Au bas d'une colline qui monte vers la droite, un berger couché à l'ombre d'un bloc de rocher garde son troupeau de moutons et de béliers. Cinq vigoureux chênes, bordant la colline, abritent presque tout le troupeau contre l'ardeur des rayons du soleil. A gauche, dans le fond, un lac aux flots bleus, légèrement dorés par une douce lumière, qui ajoute au charme de ce miroir liquide ; enfin, à l'horizon, de hautes montagnes, d'un ton bleuâtre, achèvent de prouver qu'un artiste bien inspiré peut rivaliser avec la nature.

Hauteur 88 cent. Largeur 1 mètre, 3 cent. Toile.

---

7.   CALAME (Alexandre).

VUE DES GLACIERS DE LA SUISSE.

Au premier plan, à droite et à gauche, se dressent, altiers, des sapins qui montent en cherchant l'air et la lumière.

Au milieu du tableau, s'étend un chemin entouré d'arbres ;
en arrière, des glaciers avec leur sommet étincelant achèvent
de caractériser ce site alpestre, que Calame a rendu avec
une piété filiale.

Hauteur 44 cent. Largeur 53 cent. Toile.

---

8. CAMBON (Armand).

L'ÉCOUTEUSE AUX PORTES.

Une jeune femme, presque déhabillée et retenant son jupon
défait, colle son oreille contre une porte pour écouter ce qui
se dit dans la chambre voisine.

Hauteur 37 cent. Largeur 23 cent. Toile.

---

9. CAMBON (Armand).

LA NYMPHE DES EAUX.

Sur un coquillage marin vogue, à la surface des flots, en se
servant d'une gaze légère en guise de voile, qu'elle tient des
deux mains, une nymphe nue qu'entourent des amours aux
ailes déployées.

Hauteur 40 cent. Largeur 26 cent. Toile.

---

10. CASTAN (Edmond).

LA JEUNE OUVRIÈRE.

Dans un intérieur que recommande un heureux mélange
de grâce et de simplicité, une jeune femme, assise près d'une

fenêtre, est occupée à coudre. Elle est coiffée d'un bonnet breton ; sa robe est noire, et son jupon rouge se trouve à demi recouvert par un tablier gris.

Aux pieds de cette jeune femme, son enfant, charmante petite fille, s'amuse avec sa poupée.

Hauteur 24 cent. Largeur 16 cent. Bois.

---

11. CHARLET (Nicolas-Toussaint).

SOUVENIR DU CONSULAT.

Napoléon franchit le mont Saint-Gothard, sur un cheval brun, de formes puissantes, qui se cabre.

Le premier consul tient de la main gauche le plan de Marengo.

Une épaisse couche de neige recouvre le sol et les rochers.

Hauteur 88 cent. Largeur 63 cent. Toile.

---

12. CLAYS (P. J.).

UNE PLAGE.

Au premier plan, on voit une estacade sur laquelle se trouvent des pêcheurs avec leurs femmes.

Au centre, surmontant en partie les flots qui se couvrent d'écume, une chaloupe échouée que des marins cherchent à renflouer en pesant avec effort sur une corde.

Hauteur 40 cent. Largeur 58 cent. Toile.

---

13. DE BRAEKELEER (Ferdinand).

LE COQ DU VILLAGE.

Au centre d'une rue qui se perd dans le fond et occupée, au premier plan, à droite, par une auberge rustique avec un mur à hauteur d'appui pour clôture, s'avance, en dansant, un groupe joyeux, qu'un chien précède.

Ce groupe se compose de trois personnes : un jeune et joli garçon, en pourpoint jaune, en culotte courte, le feutre orné d'une rose; il donne le bras gauche à une charmante fille, de la figure la plus accorte, à la tournure dégagée, qui danse les poings sur les hanches.

Le jeune homme donne le bras droit à une autre jolie personne en corsage bleu à basques, en jupon rouge, tenant par la main une petite fille dont le tablier relevé contient des bonbons.

Un vieillard estropié, assis sur une dalle, ayant à côté de lui sa béquille et son panier, implore, le chapeau à la main, la charité du joyeux groupe. Et, auprès du mur de clôture de l'auberge, une servante regarde avec un sentiment de jalousie la préférée *du Coq du village*.

A l'entrée de l'auberge, des buveurs attablés fument et chantent, disposés de la manière la plus pittoresque, tandis que d'autres villageois, animés par l'exemple du principal groupe, s'avancent aussi en dansant. Des tonneaux et divers accessoires complètent cette composition remplie de mouvement.

Hauteur 82 cent. Largeur 98 cent. Bois.

14. DE BRAEKELEER (Ferdinand).

LES PETITS ESPIÈGLES.

Auprès d'une auberge qui s'élève à gauche du spectateur, un jeune garçon à la figure éveillée, portant un baquet où se trouvent des poissons, agace un bon paysan qui revient du marché avec un panier rempli de pommes et des légumes contenus dans du linge.

Tout occupé à menacer du poing le gamin qui l'insulte, le paysan ne s'aperçoit pas qu'une petite fille, placée en arrière, lui vole une pomme.

La petite fille est vêtue d'une robe rouge; elle porte, de la main gauche, un panier, et sa jeune sœur s'efforce en vain de la détourner de l'acte dont elle se rend coupable.

Derrière le paysan, un enfant, dont le coude repose sur un mur à hauteur d'appui, contemple cette scène en riant de la colère du vieillard, tandis que deux chiens, l'un épagneul à la robe blanche et noire, l'autre roux et blanc, répondent par leurs aboiements au tumulte des *petits espiègles*, si bien représentés par le peintre.

De la fenêtre de l'auberge située à gauche, un homme en bonnet de coton, la pipe à la main, sans doute le maître du logis, examine cette scène; derrière lui, se trouve une servante.

Plus à gauche, auprès de la porte ouverte de l'auberge, à l'enseigne représentant un cygne, se trouve une autre servante. qui rit, le poing campé sur la hanche.

Contre les murs, des bancs abrités par des auvents que recouvrent les pampres touffus d'une treille. A droite et dans le fond, une place avec de nombreuses baraques de marchands de légumes, et des personnages groupés auprès des habitations.

Hauteur 82 cent. Largeur 99 cent. Toile.

15. DE BRAEKELEER (Ferdinand).

Sur le trottoir d'une maison qui occupe la droite du tableau, un montreur de lanterne magique a dressé son spectacle ambulant, dont une vieille femme assise et l'œil collé contre un verre d'optique admire les beautés. Elle est vêtue d'une jaquette bleue avec laquelle tranche un jupon jaune.

Derrière la vieille femme, deux enfants attendent avec impatience l'occasion de satisfaire leur curiosité. Il y a aussi un petit garçon en blouse qu'une servante tient par la main, et d'autres personnes qui font queue pour être admis à leur tour à contempler les merveilles de la lanterne magique.

Au fond, un marché qu'encombre la foule.

Hauteur 68 cent. Largeur 83 cent. Toile.

---

16. DE BRAEKELEER (Ferdinand).

Un jeune marchand de poissons à la taille athlétique vient, d'un coup de poing, de renverser sur le sol un adolescent qui entraîne dans sa chute l'étal d'une marchande de légumes.

Celle-ci est accourue au seuil de sa boutique, attirée par le bruit et les conséquences de cette rixe ; elle se hâte de réparer le pêle-mêle dans lequel se trouvent les objets qui décoraient son étalage.

Un petit enfant tient par la manche le redoutable poissonnier, que quelques mauvais garnements poussent à user de sa force.

D'autres figures complètent l'animation de ce tableau.

Hauteur 62 cent. Largeur 75 cent. Toile.

17.   DE BRAEKELEER (Ferdinand).

LE PETIT DANSEUR.

Dans l'intérieur d'une modeste habitation flamande, mais qui suffit aux vœux restreints de ses possesseurs, près d'une table aux bouts qui tombent rabattus le long des pieds, est assis un jeune et bon villageois qui joue du violon.

Aux sons de l'instrument, un jeune enfant soutenu sous les bras par une femme en jaquette jaune et jupon rouge, danse gaiement sur la table. Un autre enfant, sans doute le frère aîné, contemple avec intérêt cette scène naïve.

A l'avant-plan, se trouvent divers ustensiles, entre autres un chaudron, un banc de bois sur lequel on voit une cruche et un tablier blanc.

Les rayons du soleil pénètrent vivement dans cet intérieur ; ils font ressortir les nuances tranchées des vêtements du joueur de violon, donnant à son enfant une leçon de danse ; et cet éclat de lumière concourt à vivifier un heureux épisode de famille où chaque personnage et chaque détail ajoutent à l'effet de l'ensemble du tableau.

Hauteur 50 cent. Largeur 41 cent. Bois.

---

18.   DE BRAEKELEER (Ferdinand).

LA VEUVE DU PÊCHEUR.

. Sous le poids de la douleur qui l'accable, une jeune femme pleure, assise auprès du berceau de son enfant endormi et trop jeune encore pour comprendre qu'il est orphelin. Le coude appuyé sur le berceau, la mère éplorée soutient sa tète de sa main droite, et dans l'autre main qui repose sur ses genoux, on voit la lettre qui lui annonce la mort de son mari.

Au pied du berceau, dans lequel l'orphelin sommeille paisiblement, un batelet renversé, symbole touchant du naufrage du pêcheur.

Auprès de la malheureuse veuve, une corbeille à ouvrage. Dans le fond, l'alcôve avec un lit entouré de rideaux bleus ; sur le mur, le portrait du marin, son chapeau, enfin quelques accessoires et des filets complètent cet intérieur propre et modeste où l'image de la Sainte Vierge offre la seule consolation qui reste à la veuve et à l'orphelin.

Hauteur 50 cent. Largeur 41 cent. Bois.

---

19.   DE BRAEKELEER (Ferdinand).

LA BÉNÉDICTION DE L'AÏEUL.

Au premier plan, à droite, un vieillard assis bénit avec émotion un petit enfant emmailloté, que lui présente une femme vêtue de bleu.

Devant le grand-père, se trouvent deux autres enfants debout qui attendent que le vieillard appelle aussi sur eux les bénédictions du ciel.

Derrière, on voit encore un enfant; et dans le fond un berceau; enfin quelques accessoires complètent cette intéressante composition.

Hauteur 47 cent. Largeur 43 cent. Bois.

---

20.   DE BRAEKELEER (Ferdinand).

L'ESPION.

Dans l'intérieur d'une cuisine, au fond du tableau, une jeune fille cause avec son amoureux qui lui serre tendrement la main, comme pour la rassurer sur l'avenir et lui faire partager ses espérances.

Le père, vieillard à la mine fûtée, en frac brun, gilet jaune, culottes courtes rouges et bas bleus, son tricorne à la main droite, s'est approché furtivement, et, collé contre le mur, les genoux ployés, il épie cette scène d'amour, tandis qu'une voisine, qui a peut-être donné l'éveil à la vigilance paternelle, attend le dénoûment de cet épisode, reproduit par le peintre avec une naïveté piquante.

Hauteur 36 cent. Largeur 27 cent. Bois.

---

21.   DE BRAEKELEER (Ferdinand).

LA CRUCHE CASSÉE.

A l'intérieur d'une cour, la main gauche appuyée sur la margelle du puits, une jeune fille est debout, dans l'attitude de la honte et de l'embarras, contemplant les débris de sa cruche, dont elle tient encore la partie supérieure.

Une vieille femme, le corps à demi penché hors d'une fenêtre, gourmande vivement la jeune fille, et lui indique dans quelle direction a fui l'amoureux qui est l'auteur de l'accident; il n'est pas loin, car du côté opposé, à droite, on l'aperçoit par la fenêtre entr'ouverte d'une maison voisine.

Hauteur 36 cent. Largeur 27 cent. Bois.

22. DE BRAEKELEER (Ferdinand).

L'ÉCHEVEAU EMBROUILLÉ.

Au premier plan, à gauche, sur un coffre en bois, est assis
un vieillard en casaque rouge, culottes jaunes, guêtres bleues.
Le bonhomme tient avec ses deux mains un écheveau de fil
que dévide une femme âgée placée devant le vieillard, mais
l'écheveau s'embrouille, par la distraction du bonhomme qui
a laissé des fils s'échapper et se nouer. Grande colère de la
vieille, entravée par l'inextricable embarras dont elle ne peut
venir à bout.

Dans le fond, près d'une table, on voit un jeune garçon et
une servante avec un broc à la main.

Hauteur 43 cent. Largeur 48 cent. Bois.

23. DE BRAEKELEER (Ferdinand).

UN CI-DEVANT JEUNE HOMME.

Dans un cabaret de village, un vieillard prétentieux,
appuyé sur le comptoir de la salle et tenant sa canne de la
main gauche, conte fleurette à une jeune servante qui baisse
modestement les yeux.

Le ci-devant jeune homme est coiffé d'un chapeau tricorne
noir, il porte une houppelande rouge, des culottes de velours
et des bas bleus. Près de lui, se trouve un chien griffon.

La jeune fille est vêtue d'une jaquette bleue et d'une jupe
jaune qui, un peu relevée, laisse apercevoir un autre jupon
en futaine.

A droite est assis à une table du cabaret, avec une canette
devant lui, un jeune poissonnier, sans doute le préféré de la

servante : car il serre le poing avec colère en surveillant les galanteries du vieux bonhomme.

Près du comptoir, à gauche, une porte en deux parties, dont le dessus ouvert permet d'entrevoir quelques personnages et un petit coin du ciel.

Hauteur 37 cent. Largeur 49 cent. Bois.

---

24.   DE BRAEKELEER (Ferdinand).

LE VIEUX TAMBOUR.

Un vieillard, coiffé d'un béret de laine, est assis au premier plan sur un banc de bois, et, avec une animation qui se trahit sur ses traits, il bat une marche sur le tambour d'un petit garçon debout devant le vieillard.

L'enfant paraît surpris et charmé du parti que le vétéran sait tirer de l'instrument guerrier qui, quoique en miniature, rappelle au vieillard les souvenirs glorieux de son ancienne carrière, où plus d'une fois il battit la charge, prélude de la victoire.

Une petite fille complète par sa présence et son attention ce charmant tableau, digne d'une chanson de Béranger.

Hauteur 25 cent. Largeur 21 cent. Bois.

---

25.   DE BRAEKELEER (Ferdinand).

LES AFFICHES.

Une vieille femme, encore sensible aux séductions de la toilette, s'est arrêtée devant une affiche de modes, la main appuyée sur la saillie d'un mur. Pour mieux examiner l'objet de son attention, elle a déposé à ses pieds un panier contenant des pommes et des oignons. La bonne femme est tellement absorbée qu'un jeune espiègle profite de cette distraction pour voler les pommes du panier à terre, et les placer dans un autre panier qu'il porte de la main droite.

Dans le fond, se trouve une femme qui examine cet épisode ; quelques figures bien disposées par le peintre achèvent d'animer cette charmante composition.

Hauteur 25 cent. Largeur 21 cent. Bois.

---

26.   DE BRAEKELEER (Ferdinand).

LA LECTURE DU JOURNAL.

Une vieille femme, en robe jaune et en bonnet blanc, les mains jointes reposant sur le mur d'appui d'une fenêtre ouverte, écoute attentivement la lecture du journal que lui fait un voisin, joyeux compère à la trogne rubiconde.

Le lecteur se trouve en dehors sur le balcon de la maison voisine, près d'une clôture en planches ; il est coiffé d'un feutre noir, et vêtu d'une casaque bleue à manches jaunes, il tient le journal avec l'importance d'un politique de village.

Dans le fond, la vieille femme du lecteur semble médiocrement charmée de la distraction que son mari donne à une voisine.

Attitudes et physionomies, ainsi que le caractère général de la composition et l'effet des accessoires répondent à l'intérêt anecdotique, dont F. de Braekeleer sait empreindre ses compositions, qui ressemblent à autant de scènes de mœurs.

Hauteur 21 cent. Largeur 26 cent. Bois

27.   DE BRAEKELEER (Ferdinand).

LE BÉNÉDICITÉ.

Dans une chambre avec une fenêtre à petits carreaux, deux vieux époux, assis à gauche, avant de prendre leur repas du soir, implorent la bénédiction de Dieu. Sur la table se trouve un plat de pommes de terre. Une jeune servante, à droite, installée près de l'âtre sur un escabeau, allume un cierge placé devant l'image de la Sainte Vierge, appendue au mur.

Hauteur 42 cent. Largeur 34 cent. Bois.

---

28.   DE BRAEKELEER (Ferdinand).

LE PAYSAN ENDORMI.

Fatigué d'une longue course, un bon paysan s'est attablé à la porte d'une hôtellerie, pour y réparer ses forces par un repas ; mais le sommeil l'emporte sur l'appétit, et, le coude appuyé sur la table, la tête sur une main, il s'endort en justifiant le proverbe — *qui dort dîne.*

Un fripon de chat profite de l'occasion, et mange tranquillement une sole étalée sur un plat ; d'une fenêtre entr'ouverte, une jeune fille rit en examinant cet épisode que le peintre semble avoir emprunté à une fable de La Fontaine.

Hauteur 31 cent. Largeur 23 cent. Bois.

---

29.   DE BRAEKELEER (Henri).

LA LETTRE.

Dans l'intérieur d'une habitation rustique, devant un poêle et tournant le dos au spectateur, une femme assise lit une lettre.

A gauche de la cheminée, se dresse un buffet couvert d'ustensiles de ménage, fidèlement reproduits. On voit à droite, une grande armoire à la vieille mode, un lit avec rideaux et quelques accessoires qui complètent cette composition.

Hauteur 48 cent. Largeur 56 cent. Toile.

---

30.   DE DREUX-DORCY (Pierre-Joseph).

LA JEUNE FILLE A LA COLOMBE.

Une jeune fille à la figure pleine de suavité, à la blonde chevelure et la poitrine découverte, embrasse une colombe, symbole de l'innocence.

Hauteur 55 cent. Largeur 44 cent. Toile.

---

31.   DE DREUX-DORCY (Pierre-Joseph).

PENDANT DU PRÉCÉDENT NUMÉRO.

Une jeune fille, d'une physionomie charmante, aux cheveux bruns entremêlés de roses et légèrement décolletée, caresse un chien, qu'elle a couronné de fleurs.

Hauteur 55 cent. Largeur 44 cent. Toile.

---

32.   DE DREUX-DORCY (Pierre-Joseph).

TÊTE DE FANTAISIE.

On sait que Dedreux-Dorcy s'est inspiré avec succès de la manière de Greuze, en créant sans imiter. C'est ainsi qu'il

2

représente une charmante jeune fille aux cheveux châtains ondulés, vêtue d'une robe bleue, que recouvre un fichu blanc noué à la ceinture avec une gracieuse négligence.

Hauteur 53 cent. Largeur 42 cent. Ovale en bois.

---

33.   DE DREUX-DORCY (Pierre-Joseph).

PENDANT DU PRÉCÉDENT NUMÉRO.

Type de jeune personne aux cheveux blonds bouclés, aux yeux bleus, en robe lilas, avec un fichu de mousseline sur les épaules.

Hauteur 53 cent. L. 42 cent. Ovale sur bois.

---

34.   DE DREUX-DORCY (Pierre-Joseph).

TÊTE DE FANTAISIE.

Délicieuse figure, d'une expression piquante, que fait ressortir une coiffure *à la Fanchon* (fichu noir jeté sur la tête et noué sous le menton). Un grand tissu en mousseline noire retombe sur les épaules.

Hauteur 44 cent. Largeur 37 cent. Ovale sur toile.

---

35   DE DREUX-DORCY (Pierre-Joseph).

PENDANT DU PRÉCÉDENT NUMÉRO.

Petite fille aux cheveux noirs relevés en bandeaux ; sur son corsage blanc est jeté un ample fichu jaune.

Hauteur 44 cent. Largeur 37 cent. Ovale en bois.

36.   DE NOTER (David).

Une jeune et jolie femme, aux cheveux châtains, vêtue d'un corsage de soie fleur de pensée à manches courtes, en jupon de soie relevé qui laisse apercevoir une jupe de laine bleue, soigne quelques plantes qui se trouvent dans un pot placé sur le mur d'appui d'une fenêtre.

Voici un guéridon à trois pieds au-dessus duquel on voit un bocal en verre contenant un bouquet de fleurs.

Des pains, des raisins, une langouste, deux coquillages, puis un magnifique faisan qui s'amuse à becqueter les fleurs, tandis qu'auprès de la porte ouverte il est guetté par un chien épagneul.

A terre, un lièvre mort, un poulet, et dans un vase de grès rouge une sole et un églefin, divers légumes et accessoires complètent la composition. Au fond, par la porte ouverte, on aperçoit une servante.

Hauteur 63 cent. Largeur 86 cent. Bois.

---

37.   DE NOTER (David).

Charmante petite composition traitée avec autant de goût que de finesse ; il n'y a pourtant qu'un lièvre mort, accroché et dont la tête repose sur un billot ; derrière le lièvre, une perdrix à demi cachée par le quadrupède, et sur un bloc une pomme ; mais le fruit et les deux pièces de gibier sont d'une vérité à faire illusion.

Hauteur 12 cent. Largeur 11 cent. Bois.

38.   DE WINTER (Louis).

CLAIR DE LUNE. — VUE PRISE AUX ENVIRONS D'ANVERS.

Au premier plan, le peintre nous montre un canal et des barrages auprès desquels est amarrée une petite barque de pêcheur.

On voit au second plan une prairie où paît un troupeau de bêtes bovines ; au fond, pour terminer la prairie, une route sur laquelle court un cabriolet entraîné par un cheval lancé au grand trot.

Hauteur 82 cent. Largeur 1 mètre 18 cent. Toile.

39.   DE WINTER (Louis).

PAYSAGE.

Encore un canal qui se trouve au premier plan de la composition, et que bordent quelques grands arbres aux rameaux pleins de séve et de force. Des barrages interceptent le cours de l'eau.

Au centre, des pêcheurs tendent leurs filets dits *éperviers* ; un charmant paysage forme le fond du tableau.

Hauteur 79 cent. Largeur 1 mètre 18 cent. Toile.

40.   DE WINTER (Louis).

LA MARÉE BASSE.

A droite, s'élève une esplanade encore baignée par les flots ; puis, sur les sables de la plage que la mer vient de laisser à sec en se retirant, on voit une barque échouée et de nombreux pêcheurs portant leurs filets ; enfin plusieurs embarcations.

Au fond, la mer est sillonnée de barques de pêche qui voguent dans toutes les directions.

Hauteur 71 cent. Largeur 1 mètre 3 cent. Toile.

---

41. DE WINTER (Louis).

CLAIR DE LUNE.

Au premier plan, sur la lisière d'un bois, de nombreux cerfs cherchent leur pâture. Dans le fond, se prolonge à perte de vue une allée de chênes, dont les rameaux n'ont que des feuilles rares et clairsemées.

A gauche, s'étend une prairie argentée par les rayons de la lune.

Hauteur 60 cent. Largeur 83 cent. Toile.

---

42. DE WINTER (Louis).

VUE DES BORDS DE LA MER PAR UN CLAIR DE LUNE.

Aux rayons de la lune, qui jettent leur douce lueur sur toute la composition, on voit à l'avant-plan et au fond à droite, l'eau qui a creusé et évidé presque toute la plage.

Des barques à sec se trouvent sur des terrains auprès desquels s'étend une flaque d'eau qui réfléchit l'astre nocturne.

A gauche, un pêcheur et sa femme marchent chargés de leurs filets ; derrière eux circule une voiture trainée par deux chevaux, enfin des falaises terminent cette partie du tableau.

Hauteur 44 cent. Largeur 68 cent. Bois.

43.   DE WINTER (Louis).

PLAGE.

Au bord de la mer, sur la plage, se trouvent plusieurs
pêcheurs diversement occupés. A gauche, des falaises où coule
une rivière qui va se perdre dans l'Océan. Dans le lointain,
on aperçoit quelques voiles.

Hauteur 57 cent. Largeur 80 cent. Toile.

---

44.   DIAZ DE LA PENA (Narcisse).

LES NYMPHES ENDORMIES.

D'origine espagnole par sa famille, mais né à Bordeaux,
Diaz, sous le rapport de la nature complexe de son talent, tient
à la fois des deux pays, ou plutôt des deux Écoles de peinture
qui peuvent le revendiquer, l'une par l'éclat du coloris,
l'autre par l'esprit qu'il met dans toutes ses compositions.

Trois nymphes sont endormies dans un bois sur le versant
d'une colline.

L'une, vue de face, a la poitrine nue, et le reste du corps
couvert d'une draperie bleue ; son bras droit est relevé autour
de sa tête.

La seconde, représentée de dos, est vêtue de rouge ; la
troisième, vue de face, est couchée sur une draperie verte.

A gauche, s'avancent furtivement trois amours qui viennent les surprendre dans leur sommeil.

Au fond, la lune éclaire de sa douce lueur cette scène
mythologique traitée à la manière du Corrége.

Hauteur 36 cent. Largeur 58 cent. Bois.

45. DIAZ DE LA PENA (Narcisse).

NYMPHE TOURMENTÉE PAR L'AMOUR.

Cette nymphe assise, sur les genoux de laquelle l'Amour
debout se dispose à de malicieuses lutineries, rappelle par la
forme et le sujet la manière de l'École française au xviiie siècle ;
mais les arbres, le paysage et le ciel entrevu à travers une
éclaircie appartiennent aux effets que recherchaient les anciens
peintres italiens, sans que ce dualisme fasse tort à l'unité
de l'œuvre ; car c'est le secret de Diaz de marquer d'une originalité saisissante la source de ses doubles inspirations.

Hauteur 44 cent. Largeur 28 cent. Bois.

46. DIDDAERT (H.) élève de M. De Block.

LA BONNE MÈRE.

Auprès d'un berceau où se trouve un enfant, est assise une
jeune femme, tenant un polichinelle dont elle agite les fils
pour amuser l'enfant par les gambades du personnage à la
double bosse.

Derrière le berceau se trouve un paysan en vêtement de
couleur rouge.

Ce tableau a été longtemps attribué à M. De Block, quoique Diddaert y conserve toute son originalité.

Hauteur 53 cent. Largeur 41 cent. Bois.

47.   DUPRÉ (Jules).

PAYSAGE. — VUE DES LANDES.

Parmi les paysagistes de l'École française qui sentent bien la nature et la reproduisent fidèlement, Jules Dupré s'est placé au rang des maîtres.

Voici une composition saisissante de vérité, qui n'a rien d'académique ou d'historique, comme on disait jadis de sites embellis, défigurés dont le peintre avait fait les frais de toilette. Rien de plus simple et de plus poétique dans sa réalité.

Au centre du premier plan, un bouquet d'arbres sur une élévation entourée d'eau, est dominé par un beau chêne au tronc noueux, aux rameaux touffus qui se dressent majestueux. Sur un pâturage plantureux quelques bêtes bovines.

Enfin des plantes aquatiques aux bords d'une mare à droite ; et un ciel nuageux qui se reflète dans l'eau.

Hauteur 27 cent. Largeur 44 cent. Bois.

---

48.   DUVIEUX (H.)

VUE DE CONSTANTINOPLE ET DU BOSPHORE.

Ce site est parfaitement reproduit A gauche, les flots reflètent la lumière dorée du soleil qui se couche dans toute sa splendeur. A droite, à l'arrière plan, s'élève la ville des Sultans, Stamboul, bien caractérisée par les mosquées aux minarets élancés qui se détachent sur l'azur du ciel.

A l'avant-plan, un quai animé par la foule qui circule ; enfin, à droite, sur le quai, le regard est attiré par une construction imposante.

Hauteur 16 cent. Largeur 28 cent. Bois.

49.   DYCKMANS (Joseph-Laurent).

INTÉRIEUR DE CUISINE.

Devant une table en bois, peinte couleur acajou, se trouve assise une jeune et belle femme en robe de soie lilas, avec une petite collerette blanche dentelée, ayant au cou un long boa blanc, qui lui retombe sur les épaules. Ses yeux sont fixés sur une ardoise que lui présente une servante placée un peu en arrière, et qui lui fait remarquer une erreur dans les comptes.

A gauche, de l'autre côté de la table, on voit un groupe rendu avec autant de naïveté que d'expression ; il se compose d'une paysanne en costume des environs d'Anvers, d'un petit garçon dont la gaucherie égale la timidité ; et, dans le fond, le mari de la paysanne, occupé à ramasser des espèces éparses sur la table pour les renfermer dans un sac qu'il tient de la main gauche. Quant à la femme, elle porte au bras un pot au lait en cuivre, et cherche, en comptant sur ses doigts, à se souvenir des omissions qu'elle a pu commettre.

A l'avant-plan, un chien attache ses regards sur la servante. Enfin, à gauche, au premier plan, on voit un pot à beurre, des légumes et divers accessoires.

Ce tableau a été reproduit par la lithographie.

Hauteur 76 cent. Largeur 69 cent. Bois.

---

50.   FICHEL (Eugène).

AVANT LE BAL.

On a dit que, chez une jeune personne qui se dispose à aller au bal, il y a plus de poésie que dans toutes les inventions des poëtes. Voilà ce que prouve cette charmante blonde, aux cheveux ornés de fleurs, ayant à son corsage une branche de camélias, à la main droite son éventail, et les bras croisés sur sa taille. Dans sa brillante parure de danseuse, elle sourit déjà à l'idée des triomphes qui l'attendent comme reine du bal.

Hauteur 26 cent. Largeur 21 cent. Bois.

---

51. FLERS (Camille).

PAYSAGE. — ESQUISSE.

L'artiste a traité largement, sous la forme d'esquisse, un paysage avec un chariot qui descend péniblement le long d'un chemin escarpé, à pente rapide.

A gauche, dans un champ bordé d'arbres, des paysans récoltent du grain qu'ils chargent sur une charrette.

Hauteur 30 cent. Largeur 55 cent. Toile.

---

52. FROMENTIN (Eugène).

VISITE AU CALIFAT.

Peintre distingué, écrivain éminent, dans l'intéressante relation de ses voyages en Orient, Eugène Fromentin a retracé avec une verve de style, remplie de charme, l'épisode intéressant, reproduit ici par son pinceau. Nous n'essayerons pas de décrire ce qu'il a si bien saisi dans deux versions du même tableau, émané d'une double inspiration, qui fait autant d'honneur à l'artiste qu'à l'écrivain.

Né en 1819, à La Rochelle, élève du célèbre Cabat, mais formé surtout par ses pittoresques excursions en Algérie, de

1842 à 1846, et chargé depuis lors d'une mission archéologi-
que par le comité français des monuments historiques, Eugène
Fromentin a conquis parmi les peintres et les auteurs contemporains une place aussi belle que méritée.

Sous un péristyle dans le goût de l'architecture orientale,
soutenu par des colonnes, le calife et sa cour reçoivent une
ambassade, un cheik en grand burnous blanc salue, en lui
baisant la tête, le calife assis sur un divan de velours rouge.

A droite, sont accroupis sur les marches du péristyle et
appuyés contre les colonnes, deux Arabes qui ont quitté leurs
babouches, ainsi qu'un autre Arabe qui se trouve un peu plus
à droite. Ils tiennent leurs bâtons à la main.

Au deuxième plan, un chef gravit les degrés du péristyle
pour venir saluer le calife.

A gauche, dans la cour, on aperçoit un cavalier revêtu
d'un manteau rouge avec un étendard jaune et rouge, le cour-
sier d'un cheik, puis un groupe d'Arabes à cheval ; sur le sol,
reposent les manteaux rouges et les armes des deux visiteurs.

Un mur en pierres clôture la cour ; et près de la porte,
deux cavaliers au galop se dirigent vers le premier plan. On
voit de nombreux gardes sous le péristyle et aux abords du
palais.

Hauteur 1 mètre 18 cent. Largeur 1 mètre 87 cent. Toile.

---

53.   GÉRICAULT (J.-L.-T.-A.).

ÉTUDE FAITE D'APRÈS NATURE.

La carrière de Géricault, ses brillants triomphes, ses
goûts qui prenaient le caractère d'autant de passions, la trace

profonde qu'il a imprimée dans le sillon de l'art français, malgré l'accident qui détermina sa mort prématurée, à l'âge de trente-quatre ans, ces souvenirs sont trop connus pour y insister.

Nous préférons signaler, comme une de ses œuvres de prédilection, cette étude d'après nature, où il a mis tout son talent de dessinateur et de coloriste, mais surtout ses profondes inspirations de peintre réaliste et d'hippiâtre passionné.

Dans des écuries superposées, nous présentant trois étages l'un sur l'autre, sont placés vingt-cinq chevaux, répartis ainsi : huit à l'étage inférieur, huit à l'étage intermédiaire, neuf au sommet de la composition.

Presque tous ces chevaux, se trouvant devant leur râtelier, sont vus de croupe ; quelques-uns de profil ou de trois quarts ; un seul de face, avec une bonne et placide expression ; c'est au second étage.

Inutile, avec Géricault, de dire que chaque type, depuis le cheval arabe, le roi oriental de la race, et le cheval pur sang, création de l'industrie des éleveurs anglais, jusqu'aux chevaux demi-sang pour la chasse, le carrosse, et la forte bête de trait, que tous ces types et toutes ces variétés sont rendus avec leur conformation spéciale, leur diversité de robes, d'attitudes, de spécialité. C'est un cours entier d'hippiatrique en vingt-cinq spécimens admirables comme dessin, comme coloris, groupés ou isolés ; on ne peut que rendre hommage au savant pinceau du maître.

Le Musée du Louvre n'a rien d'aussi parfait, rien qui approche de cette étude qui fait illusion. Plus on la contemple, plus on se croit en face de la nature même ; peintres, hippiâtres, *sportmen*, ont là à recueillir des modèles, des exemples, des leçons, comme Géricault, seul peut-être, a su les donner à l'égard du cheval, de la plus noble conquête de l'homme.

Hauteur 73 cent. Largeur 91 cent. Toile.

Provient de la vente de lord H. Seymour, Paris, 1860, où il fut payé 10,500 francs, y compris les 5 p. c. de frais.

---

54.   GLAIZE (Auguste).

LES GRACES CHERCHANT A CAPTIVER L'AMOUR.

L'une des trois sœurs, vue de face et vêtue d'une tunique jaune, porte l'Amour entre ses bras.

A droite, une autre Grâce, peinte de profil, nue, selon la tradition mythologique, avec de longs cheveux flottant sur ses épaules, arrache quelques plumes des ailes de l'Amour.

Enfin, la troisième, Euphrosine, en robe bleue, avec manteau lilas, présente une marguerite au malicieux captif. Charmante composition.

Hauteur 1 mètre 36 cent. Largeur 70 cent. Toile cintrée.

---

55.   GUDIN (Théodore).

VUE D'UN PHARE SUR UNE CÔTE DE LA BRETAGNE.

Au centre du tableau s'élèvent les débris d'un ancien château féodal, avec fenêtres en ogives, surmonté d'une tourelle dont on a profité pour y établir un phare.

Des rochers à pic qu'animent quelques figures, rappellent que jadis ces côtes étaient fatales aux naufragés, en butte à des populations avides d'épaves, et que marque aujourd'hui un signal de salut. Derrière, s'étend au loin la mer sous un dôme de nuages voilant à demi le ciel.

Hauteur 42 cent. Largeur 63 cent. Toile.

56. GUDIN (Théodore).

FALAISES DE LA BRETAGNE.

Jusque dans la mer s'avancent des rochers élevés, où s'entrouvrent des grottes, et dont l'ensemble présente la forme d'une rade vers laquelle se dirige une barque de pêche qui contient sept marins.

Ils sont attendus avec impatience par une femme qui porte un enfant dans ses bras, et qu'accompagnent deux autres enfants.

On distingue au large un grand navire à trois mâts.

Hauteur 48 cent. Largeur 75 cent. Toile.

---

57. GUDIN (Théodore).

TEMPÊTE.

Un navire à trois mâts, en butte aux rafales, est violemment agité sur les vagues de l'Océan, soulevées par la tempête qui se déchaîne sous un ciel chargé de sombres nuages ; et, à droite, une éclaircie s'entrouvre comme un rayon d'espoir pour les marins.

Hauteur 13 cent. Largeur 18 cent. Bois.

---

58. GUILLEMIN (Alexandre).

INTÉRIÉUR RUSTIQUE D'UNE FAMILLE BRETONNE.

Ce qu'ont fait pour la Bretagne, le romancier Emile Souvestre et le poëte Auguste Brizeux, le peintre Guillemin l'accomplit avec non moins de succès.

Au premier plan, une jeune fille assise sur un bloc en bois, à demi recouvert d'une étoffe de laine, la main gauche appuyée au-dessus du genou, agace en riant, un petit chien barbet, auquel elle montre un pot au lait que l'animal regarde et flaire avec convoitise, tandis qu'à côté, un autre chien lappe tranquillement sa ration au fond d'une marmite placée sur le sol.

Un petit garçon à genoux, une autre jeune fille assise sur un meuble assez élevé, mais qui reste indifférente sans regarder l'agacerie faite, enfin, dans le fond, un homme, sans doute le père de famille, le dos tourné au spectateur, et qui fume paisiblement sa pipe sous le manteau d'une grande cheminée, voilà tout le sujet de cet intérieur breton, merveilleusement caractérisé par l'attitude, le costume, la physionomie des trois principaux personnages, sans parler des accessoires, répondant tous aux mœurs d'un pays où subsistent respectées les vieilles traditions d'un passé que la religion consacre, en y maintenant la foi et l'esprit de famille.

Hauteur 53 cent. Largeur 42 cent. Bois.

59. GUILLEMIN (ALEXANDRE).

SITE ET PAYSANS BRETONS.

Sur un tertre, au premier plan d'un site breton, est nonchalamment étendu un paysan en jaquette rouge, à larges braies (culottes) bouffantes, avec les cheveux rudes et incultes qui tombent sur ses épaules, un vrai type de l'ancienne Armorique ; sa tête repose sur sa main droite et le sol sert de point d'appui à son coude. Au bas du tertre, il a jeté son grand chapeau.

Dans cette attitude, qui ne manque pas d'une certaine

grâce rustique, le paysan parle avec une jeune fille assise auprès de lui. Elle est coiffée d'un bonnet blanc qui retombe comme une espèce de capuchon. Son corsage assez bas, en étoffe bleue, tranche avec son jupon rouge; ses deux mains se croisent sur ses genoux; à côté, se trouve son panier. Sans doute, la conversation roule sur le prochain *pardon*, et les deux Bretons échangent leurs vœux et leurs projets de *promis* et de *promise*. Inutile d'ajouter que le paysage est empreint de cette couleur locale qui s'harmonise très-bien avec le caractère des deux personnages.

Hauteur 32 cent. Largeur 39 cent. Toile.

---

60.   HAANEN (Georges).

PAYSAGE BOISÉ.

De l'avant-plan part un chemin qui se prolonge au centre du paysage et se perd à l'horizon.

On voit quelques troncs d'arbres renversés auprès d'une mare où boit un mouton.

Au delà de cette mare, d'autres moutons, occupés à brouter et à manger des feuilles d'arbustes.

Sur le bord du chemin, à droite, un pâtre appuyé sur sa houlette; auprès de lui, son chien.

Dans le fond, des filets de fumée s'échappent de la cheminée d'une cabane, enfin quelques paysans.

Hauteur 32 cent. Largeur 44 cent. Toile.

---

61.   HAANEN (Georges).

VUE D'UN ÉTANG.

Au milieu d'un paysage boisé, s'étend un étang que le peintre a représenté par un beau clair de lune, dont les rayons argentés se reflètent dans la surface tranquille de l'eau, comme dans un miroir.

Hauteur 28 cent. Largeur 37 cent. Bois.

---

62.   HAANEN (GEORGES).

PAYSAGE.

Un ruisseau traverse un site pittoresque, vu à l'approche du soir, et richement boisé. A gauche, au milieu d'un bouquet d'arbres, au bord d'une route, une habitation vivement éclairée.

Hauteur 34 cent. Largeur 58 cent. Toile.

---

63.   HAMMAN (ÉDOUARD).

LE MESSAGE.

Au centre d'un salon richement décoré, sur un fauteuil rouge, est assise une jeune et belle personne en robe et jupe de satin, les pieds appuyés sur un carreau de velours ; elle a ouvert un coffret que vient d'apporter un messager arrêté à l'entrée de l'appartement, sous le portique à colonnes qui en forme le seuil intérieur.

De ce coffret, la jeune dame a sorti un magnifique collier, qu'une vieille duègne, debout près de sa maîtresse, contemple avec admiration.

Hauteur 63 cent. Largeur 53 cent. Toile.

3

64.   HARDORFF (Ludolph).

MARINE. — MER HOULEUSE.

Vue d'un détroit formé à gauche par un mont élevé que domine un phare, et à droite par une chaîne de rochers.

A l'avant-plan, une chaloupe, violemment secouée par les vagues, et dans laquelle se pressent de nombreux marins, vient de franchir heureusement le détroit.

Derrière, on voit un bâtiment à trois mâts, qui fait force de voiles pour doubler ce passage dangereux.

Au loin se trouvent différentes embarcations. Le ciel est voilé par un épais rideau de nuages.

Hauteur 1 mètre 17 cent. Largeur 1 mètre 58 cent. Toile.

---

65.   HULCK (A.).

MARINE.

Le peintre concentre l'attention sur un bateau pilote, poussé par la violence du vent qui enfle sa voile et fait plier son mât ; à gauche, au fond, s'étend la côte sur laquelle s'élèvent un moulin et quelques habitations.

Hauteur 21 cent. Largeur 26 cent. Toile.

---

66.   ISABEY (Eugène-Louis-Gabriel).

SCÈNE DE L'INQUISITION.

Digne fils d'un peintre célèbre, que recommandent de nombreux succès, unis, pendant plus d'un demi-siècle, à l'histoire même de l'École française et aux principaux actes de son époque, M. E.-L.-G. Isabey suit et complète les traditions paternelles.

Seulement, sans négliger les sujets contemporains, il aime aussi à retourner en arrière en reproduisant des scènes du passé. C'est ainsi qu'il nous représente un dramatique souvenir de l'inquisition au xvime siècle.

Au premier plan, dans une salle sombre, dont l'aspect glace d'épouvante les victimes qui viennent y figurer tour à tour sur la dénonciation des familiers du Saint-Office, siégent les membres du tribunal de sang, avec leurs assesseurs.

Un malheureux patient, les pieds cerclés d'anneaux de fer, les mains garrottées, et le corps appuyé contre un billot, est en proie aux épreuves de la torture, tandis que deux moines, placés près de lui, l'invitent bénignement à faire des aveux complets.

A gauche, derrière la victime, une main appuyée sur une table couverte d'un tapis rouge, et tenant de l'autre main un sablier qui mesure le temps, le tortionnaire, vêtu de noir, calcule la durée du supplice.

Sur la table à tapis rouge et sinistre comme un flot de sang, une plume et du papier destinés à tracer et à recevoir les *confidences* arrachées, par la torture, à la défaillance physique triomphant de la force morale.

A droite siégent les juges, membres du tribunal de la Sainte-Inquisition, ceux-ci sur un gradin plus élevé, et les assesseurs en bas.

A gauche, des tables chargées de volumes in-folio.

Hauteur 50 cent. Largeur 70 cent. Toile.

67.   ISABEY (Eugène-Louis-Gabriel).

ÉPISODE DE LA LIGUE.

Sous les voûtes d'une crypte aux piliers massifs, dont l'entrée se trouve au fond du tableau, un cardinal, comme l'indique sa coiffure rouge, passe en inspection des prêtres et des religieux de différents ordres qui viennent chercher des armes pour combattre en faveur de la *Sainte-Ligue*.

A la droite du haut dignitaire ecclésiastique, se trouve un moine en froc brun, tenant un mousquet qu'il va donner à un champion de la pieuse milice ; à gauche, on voit divers religieux tous armés.

Derrière le cardinal, sur une table, un curé, que secondent deux assesseurs, inscrit les noms des ligueurs au fur et à mesure de leur arrivée.

Les prêtres et les moines rangés en files, depuis la droite du tableau jusqu'à la porte d'entrée, sont tous armés d'un mousquet, qu'ils portent au bras gauche ; enfin, par l'escalier qui s'aperçoit dans le fond, descendent de nombreux religieux qui viennent chercher des instruments de combat.

Des armes, un tonneau de poudre et divers accessoires appropriés au sujet caractérisent bien cette scène du temps de la Ligue.

Hauteur 50 cent. Largeur 71. Toile.

———

68.   JACQUE (Charles).

JEUNE GARDEUSE DE MOUTONS.

Une jeune fille, à la figure douce et mélancolique, appuyée sur sa houlette, garde un troupeau de moutons. Elle se trouve au premier plan, et on la voit presque de dos. Ses yeux sont fixés sur une brebis debout à l'avant-plan et que tette un agneau ; près de ce groupe, un arbre aux branches couvertes de fleurs, et dans le fond une ligne d'habitations que semble longer une route.

La richesse de la végétation, l'attitude et la physionomie de la jeune bergère, les poses aussi vraies que pittoresques des bêtes ovines disséminées dans ce riche pâturage, la pureté de l'atmosphère et le calme répandu sur toute la composition, tels sont les principaux titres qui placent cette composition au premier rang des meilleurs ouvrages de Charles Jacque.

Hauteur 2 mètres 8 cent. Largeur 1 mètre 50 cent. Toile.

---

69. JACQUE (Charles).

PAYSAGE AVEC TROUPEAU DE MOUTONS.

Au centre du tableau, se dirigeant de gauche à droite, un pâtre, accompagné de son chien, conduit un nombreux troupeau de bêtes ovines, à travers un pâturage harmonieusement traité. L'artiste a reproduit avec le même soin les animaux qui semblent, par la fidélité caractéristique du type, correspondre à l'effet du site où ils trouvent leur pâture. Cette composition, où la largeur de la conception se marie au fini de l'exécution, mérite d'être considérée comme une des productions les plus parfaites d'un peintre qui, en étudiant la nature rustique, ne dépasse jamais le but qu'il veut atteindre, et qui devient profond à force de se pénétrer de son sujet, en s'élevant au réalisme, lequel n'a rien de trivial, de heurté, de lâché.

Hauteur 1 mètre 17 cent. Largeur 49 cent. Bois.

70.   JACQUE (Charles).

LE TROUPEAU DE PORCS EFFRAYÉS PAR L'APPROCHE D'UN ORAGE.

Sur un terrain montueux qui s'élève à gauche, s'étend une belle forêt aux arbres pressés, s'élançant vers les nues comme pour chercher l'air et la lumière; de ce côté, sur un chemin sinueux aboutissant à la forêt, un pâtre conduit son troupeau de porcs effrayés par l'approche de l'orage, contre lequel ils vont chercher un abri tutélaire.

L'homme, les animaux, la forêt, les accidents de terrain, et, à droite, à l'horizon, une éclaircie, sont traités de main de maître.

Hauteur 90 cent. Largeur 1 mètre 32 cent. Bois.

---

71.   JACQUE (Charles).

L'ÉTABLE.

Cette petite composition, dont la touche est vraiment rembranesque, est traitée avec une ampleur, une force qui prouve que l'art, ainsi conçu, ennoblit tous les sujets, comme le proclamait Horace, comme l'a répété Boileau.

Dans une étable, se trouvent cinq porcs qui mangent à la même gamelle.

La lumière, qui pénètre de gauche à droite, laisse trois animaux dans la pénombre, en éclairant les deux autres.

Hauteur 39 cent. Largeur 55 cent. Bois.

---

72.   JACQUE (Charles).

VUE D'UNE FERME.

Une cour de ferme, dont les deux murs du fond forment un angle.

Les rayons du soleil jettent une vive lueur sur le mur situé à droite, en laissant l'autre dans une pénombre qui produit un piquant contraste. Sur le fumier qui jonche le sol, des moutons et des poules, autant de types rendus par le pinceau du maître.

Une jeune femme en corps de chemise et en jupon bleu se dirige vers l'écurie en portant deux seaux, maintenus à distance par un cercle de futaille.

Hauteur 19 cent. Largeur 16 cent. Bois.

---

73.   JACQUE (Charles).

INTÉRIEUR DE BERGERIE.

Le peintre nous montre, dans l'intérieur d'une bergerie, un pâtre courbé sur une brebis que tette un jeune agneau.

Hauteur 17 cent. Largeur 22 cent. Bois.

---

74.   JEANRON (Philippe-Auguste).

SITE ITALIEN.

Également distingué comme peintre, comme professeur et comme écrivain, M. Jeanron s'est montré graveur habile à la pointe sèche, et en 1848, il a dirigé avec distinction le Musée du Louvre, où ses successeurs ont continué différentes mesures qu'il avait adoptées.

C'est un souvenir de ses voyages en Italie que cet ancien élève de Sigalon, devenu maître à son tour, reproduit dans ce paysage en partie occupé par un canal, au centre duquel un batelier conduit une embarcation où se trouvent trois personnages. Au fond, sur la rive du canal, s'élèvent quelques cabanes.

Hauteur 38 cent. Largeur 45 cent. Toile.

---

75.   JEANRON (Philippe-Auguste).

VUE D'UN CANAL.

Tout le paysage est traversé dans sa profondeur par un canal aux bords escarpés. Une petite barque en sillonne le cours, et porte quelques personnes qui se livrent au charme d'une promenade sur l'eau.

A l'arrière plan, le canal passe sous un pont en pierres; son cours se prolonge pour se perdre dans le lointain, à l'extrémité de l'horizon.

Hauteur 38 cent. Largeur 45 cent. Toile.

---

76.   JEANRON (Philippe-Auguste).

VUE D'UN CANAL.

Plusieurs personnes voguent dans un petit bateau sur un canal qui occupe tout le centre de la composition, passe à l'arrière-plan sous un pont en pierres et s'étend à perte de vue. Le canal est profondément encaissé par ses rives verdoyantes réagissant sur la teinte des eaux.

Hauteur 38 cent. Largeur 45 cent. Toile.

77. KOEKKOEK (B.-C.).

EFFET D'HIVER EN HOLLANDE.

Au centre du tableau, avec ses deux rives bordées d'habitations, s'étend un canal, dont les eaux sont prises et glacées par l'intensité du froid. On voit différents personnages circuler sur le cristal ainsi solidifié.

A droite, au premier plan, s'élèvent deux grands et beaux arbres dénudés de feuillage. Près de ces arbres, un homme, chargé d'une besace, cause avec une femme qu'accompagne un enfant à demi caché par sa mère.

Un jeune garçon regarde un homme occupé à chausser des patins.

Un peu plus à droite, un homme conduisant un mulet chargé se dirige vers le village que l'on aperçoit dans le fond.

A gauche, un paysan pousse un traîneau qui descend vers le spectateur et dans lequel se trouvent deux enfants.

La rive située à gauche est occupée par un château avec donjon et tourelles; on y remarque des charrettes et quelques personnes. Tout auprès s'élèvent d'autres habitations; enfin, dans le fond, un pont à trois arches, jeté sur le canal, sert à relier les deux rives, en conduisant vers des maisons construites à droite.

Hauteur 58 cent. Largeur 75 cent. Toile.

---

78. KUHNEN (Pierre-Louis).

SITE D'ITALIE.

L'artiste se montre heureusement inspiré dans la reproduction fidèle d'un site du littoral de la Péninsule italique.

A droite, la mer animée par de nombreux navires.

A gauche, une côte escarpée que dominent les ruines d'un château-fort.

La végétation est à la fois agreste et luxuriante. Enfin, au premier plan, un berger et une bergère qui se reposent.

Hauteur 77 cent. Largeur 1 mètre 10 cent. Toile.

---

79. LAMORINIÈRE (François.)

PAYSAGE.

De droite à gauche coule une rivière qui traverse le paysage en l'animant par son cours, et en contribuant à la richesse de la végétation la plus riante.

Au premier plan, à droite, la rivière est bordée d'arbres dont les branches flexibles se mirent dans les eaux qui les reflètent et concourent par leur influence à la fraîcheur de leur verdure.

A gauche, dans son impatience d'espace et de liberté, un taureau cherche à renverser une barrière composée de branches d'arbres et soutenue par quelques troncs.

Derrière ce taureau une génisse semble écouter les mugissements de trois vaches qui se trouvent dans la plantureuse prairie située sur l'autre rive.

Au fond s'élèvent les toits de plusieurs habitations, et un soleil radieux jette une vive et chaude lumière sur cette belle composition.

Hauteur 94 cent. Largeur 71 cent. Bois.

---

80. LAMORINIÈRE (François).

PAYSAGE AVEC ANIMAUX.

C'est un site des environs d'Anvers que le peintre a reproduit avec une largeur de touche et une suavité de pinceau que l'on doit signaler. Le terrain est coupé par une rivière assez profonde qui répand sur son cours un charme indicible. A droite, à l'avant-plan, une barrière.

Au deuxième plan, un arbre s'élève, magnifique, au-dessus d'un tapis de gazon dont quelques vaches à robes diverses paissent l'herbe succulente. Des plantes aquatiques, des nénuphars avec leurs fleurs éclatantes, animent l'eau avec laquelle contraste ce luxe de verdure, et, dans le fond, on voit quelques habitations avec des clochers qui se découpent sur l'azur d'un ciel estompé de légers nuages.

Hauteur 94 cent. Largeur 74 cent. Bois.

81. LAMORINIÈRE (François).

VUE DES ENVIRONS DE SPA.

Au centre, dans un ravin, court un torrent, dont les eaux entraînent quelques pierres qui forment le fond de son lit.

A gauche, s'élèvent des arbres de haute futaie; à droite, des terrains accidentés, et sur une chaussée, on voit un pâtre avec son troupeau.

Tableau d'un effet saisissant par la vérité de l'ensemble et des moindres détails.

Hauteur 1 mètre 8 cent. Largeur 86 cent. Toile.

82.   LAMORINIÈRE (François).

PAYSAGE.

On sait que la vérité et la simplicité caractérisent le talent de cet artiste dans ses heureuses et naïves compositions, où il prend, pour ainsi dire, la nature sur le fait.

Dans un champ, se trouvent des paysannes et un homme occupés à recueillir des pommes de terre, pour les déposer dans des paniers.

Le champ est borné par un épais taillis, et, de distance en distance, quelques éclaircies laissent apercevoir des fermes et des habitations rustiques.

Hauteur 39 cent. Largeur 56 cent.

---

83.   LAMORINIÈRE (François).

VUE D'UNE ROUTE.

Une route, bordée d'arbres de haute futaie, conduit à un village que l'on aperçoit dans le lointain; à droite s'étend un champ dans lequel un habile laboureur conduit d'une main sûre sa charrue attelée de deux vigoureux chevaux.

A gauche s'élève une vaste habitation et sur un riche tapis d'herbes luxuriantes paissent tranquillement des brebis et des moutons, sous la garde d'un pâtre et de son chien, tandis que dans les terrains labourés quelques poules vont à la picorée.

Toute cette composition est remplie d'animation et de vérité.

Hauteur 1 mètre 83 cent. Largeur 24 cent. Bois.

84.   LAMORINIÈRE (François).

PAYSAGE.

Paysage montueux et boisé, coupé à droite dans toute sa profondeur par une route sablonneuse qu'ombrage une double rangée de grands arbres, formant un berceau de verdure qui se termine au fond par une éclaircie lumineuse.

Sur cette route, un pâtre conduit trois vaches, dont les robes diffèrent et contrastent.

Au centre, à l'arrière-plan, sur un sentier qui part du bois à gauche, pour aboutir à la route décrite plus haut, un pâtre chasse devant lui son troupeau de bêtes bovines.

A gauche, au premier plan, circule un ruisseau sinueux.

Hauteur 71 cent. Largeur 99 cent. Bois.

---

85.   LAMORINIÈRE (François).

HIVER.

Effet d'hiver très-bien rendu par l'artiste qui nous montre un bois dépouillé de feuilles, avec une route qui monte et que recouvre une épaisse couche de neige. Sur la route, chemine un piéton portant un fardeau suspendu à un bâton.

A l'arrière-plan, le chemin s'enfonce; on y distingue en partie une voiture sur laquelle le conducteur se trouve assis.

Hauteur 56 cent. Largeur 42. Bois.

86.　　　LAMORINIÈRE (François).

PAYSAGE BOISÉ.

A travers un site planté d'arbres de haute futaie, circule une route qui s'étend de gauche à droite vers des habitations s'élevant au fond du tableau.

Sur la route, un voit un chasseur avec son chien.

Hauteur 24 1/2 cent. Largeur 30 cent. Bois.

———

87.　　　LAMORINIÈRE (François).

PAYSAGE. — BRUYÈRES AUX ENVIRONS D'ANVERS.

Au premier plan, à gauche, un berger appuyé sur son bâton garde deux vaches, l'une brune, l'autre noire.

A l'avant-plan, s'étend une mare, et, dans le fond, un village dont les toits des maisons s'élèvent au-dessus des arbres qui animent ce site au caractère pénétrant.

Hauteur 33 cent. Largeur 44 cent. Toile.

———

88.　　　LEYS (le Baron Henri).

Reproduction des fresques exécutées à Anvers, par l'artiste, pour une salle à manger.

N° 1. — CONVIVES SE RENDANT A UNE FÊTE.

Sur un chemin couvert de neige, qui court le long de l'avant-plan de la composition, l'éminent artiste a représenté de nombreux groupes d'hommes et de femmes qui se rendent à une fête célébrée dans une ville voisine ; ils sont précédés par un joueur de cornemuse au costume mi-parti selon le goût du moyen âge et aux couleurs variées ; deux pages marchent aussi en avant, l'un en vêtement rouge, ayant deux épées sur l'épaule droite et, à la main gauche, une lanterne en cuivre ; l'autre, en vêtement bleu, porte une mandoline sur l'épaule droite.

En première ligne, s'avance un seigneur en justaucorps à manches bouffantes, en haut de chausses lilas et bottes à revers rouges; il tient une jeune femme par la taille.

Contre la balustrade, s'arrêtent des curieux.

Au centre du groupe principal, se trouve une jeune personne en corsage vert, en robe de satin lilas à ramages, recouvrant un jupon de laine également vert ; elle donne le bras à un jeune homme. Ce couple se retourne pour écouter une vieille femme, la tête coiffée d'un mouchoir blanc, qui soutient avec le bras gauche son mari, vieillard à la barbe blanche, en manteau à collet rabattu ; il marche avec peine en s'aidant d'un bâton. A droite de la femme, un jeune homme et une jeune fille.

Plus à droite, entre le pont, tournant le dos au spectateur, stationne un couple qui s'appuie sur la balustrade ; viennent ensuite deux autres couples, un seigneur et une grande dame, marchant tendrement enlacés, puis un jeune homme et une jeune fille.

D'autres groupes s'unissent à ce mouvement et disparaissent sur le pont formant angle droit, qui aboutit à une porte de ville.

Au second plan, les eaux glacées des fossés de la ville sont couvertes de patineurs qui regardent défiler ce cortége animé sans confusion, et dans lequel chaque personnage, chaque groupe présentent autant de types caractéristiques par leur attitude, leur physionomie, la variété des costumes, enfin par cette puissance de coloris qui détache de l'ensemble les divers anneaux de cette chaîne vivante de convives, de promeneurs et de curieux.

Hauteur 48 cent. Largeur 2 mèt. 4 cent. Bois.

---

89.   LEYS (le Baron HENRI).

N° 2. — L'ENTRÉE EN VILLE.

A gauche, devant l'étal d'un boulanger qui occupe toute cette partie du tableau jusqu'au centre, s'est arrêtée une jeune dame avec manteau jaune à collet en fourrures, la tête enveloppée d'un mouchoir blanc; elle tient une petite fille par la main.

Au centre, sur un pont dont le garde-fou, en bois, se prolonge à l'avant-plan de la composition, deux seigneurs debout regardent arriver le cortége; l'un a un pourpoint de satin recouvert d'un manteau. Vient ensuite un traîneau sur lequel se trouvent une jeune fille et un petit garçon; derrière eux, leur mère.

Appuyé sur la balustrade, le conducteur du traîneau en a lâché la corde; il est vêtu d'une casaque jaune avec culotte de même nuance, mais plus claire. Derrière cet homme, on voit un vieillard enveloppé d'une large houppelande; il tient la balustrade de la main gauche, et pose la main droite sur l'épaule du conducteur.

Plus à droite, un noble personnage en vêtements somptueux et quatre autres individus diversement groupés.

Tous ont la tête tournée vers la partie à droite du tableau; ils attendent l'arrivée du groupe de la composition précédente.

Un des joueurs de cornemuse apparaît à l'entrée de la porte, située à droite du tableau.

Impossible, nous le répétons, de décrire avec des mots et des phrases, plus ou moins brisés, qui se suivent sans présenter d'harmonie ni d'ensemble, l'effet si merveilleusement obtenu par le peintre, offrant aux regards unité et variété, au moyen de tous ces personnages, ceux-ci groupés, ceux-là isolés, se détachant l'un de l'autre par l'ordonnance générale du tableau, le contraste des différentes attitudes, le caractère de chaque physionomie, et principalement par cette magie de coloris résultant de la diversité des costumes, des âges et des sexes.

Hauteur 48 cent. Largeur 1 mètre 54 cent.

---

90.   LEYS (le Baron HENRI).

N° 3. — L'ARRIVÉE A DESTINATION.

A la porte d'une habitation, située à gauche de la composition, vient de sonner un jeune homme accompagné d'une jeune dame ; ce couple est suivi par un page.

De la main droite, le jeune homme tient encore le cordon de la sonnette, dont on croit entendre le timbre argentin. Un justaucorps brun à manches bleues, que recouvre un petit manteau de velours bleu foncé, des culottes d'un ton brun dit *marron*, brochées d'or, des bas violets : voilà le costume de cet invité, qui a, dans la main gauche, le gant qu'il vient de quitter, pour agiter plus librement la sonnette.

La jeune dame porte un ample manteau avec collet en fourrures, sur une robe jaune à grands ramages et aux bords bruns. Elle est coiffée d'un linge blanc, retenu par des rubans de velours brochés d'or.

Quant au page, son vêtement est jaune clair. De la main droite, relevée à hauteur de sa poitrine, il tient une épée, qui passe sous le bras, et, de la main gauche, il porte un flambeau qu'il vient d'éteindre.

Au fond s'élève un mur qui laisse apercevoir l'entrée d'une cave.

Hauteur 50 cent. Largeur 75 cent. Bois.

91.　　　　　LEYS (le Baron HENRI).

N° 4. — LA RÉCEPTION.

Dans une salle d'architecture ogivale, l'hôte et sa famille accueillent les convives invités au festin.

Au centre, le maître du logis, vêtu de rouge, donne une poignée de main à un vieillard à barbe blanche, en pourpoint brun et haut-de-chausses mi-parti jaune et bleu : costume recouvert d'une houppelande garnie de fourrures.

Le vieillard tient son béret de la main gauche, et auprès de lui, se trouve sa femme en costume de velours, sous un mantelet noir, les mains renfermées dans un manchon de fourrure. Sa tête est encapuchonnée, et par dessous elle à un béguin en mousseline.

La dame de la maison, placée à gauche, en riche costume noir et lilas, salue gracieusement les invités, en leur témoignant combien leur présence enchante les hôtes, heureux de leur souhaiter la bienvenue.

Derrière, selon l'exemple donné dans quelques tableaux de grands maîtres, l'artiste s'est représenté, lui et sa famille.

Dans le fond, une banquette en bois ; à droite, la porte.

Hauteur 50 cent. Largeur 76 cent. Bois.

92. LEYS (le Baron HENRI).

Nº 5. — LES APPRÊTS DU FESTIN.

A l'intérieur d'une salle à manger aux riches tentures, composées de tapisseries à grandes fleurs, se dresse majestueusement la table du banquet, chargée d'ornements et d'accessoires, rendus de la manière la plus saisissante de vérité et de finesse d'exécution.

Au centre de la table, à gauche du tableau, on remarque un gâteau, un hanap en verre, puis une coupe en forme de conque que surmonte le char de Neptune, un grand pâté de volaille, couronné d'un paon. On voit aussi une canette en étain, une noix de coco montée sur un pied en or.

Une nappe blanche recouvre la table et achève d'en faire ressortir les plats et les ornements.

Debout, une jeune servante examine gravement si tout est bien disposé. Sa main droite repose légèrement sur la table, et de la gauche elle tient une serviette ainsi qu'un plateau d'argent.

Rien de plus gracieux que le costume de cette jeune servante, vêtue d'une robe gorge-de-pigeon (nuance bleue à reflets verts), avec un corselet de velours et ceinture jaune. Un tablier brun, d'étoffe à larges ramages, protége cette toilette de servante de grande maison.

Derrière la table, se trouve un jeune garçon qui continue à placer les ornements et les plats.

Devant la table, au premier plan à gauche, s'étend un banc de bois.

Hauteur 49 cent. Largeur 65 cent. Bois.

93. LEYS (le baron HENRI).

SAINT LUC.

Assis dans l'attitude de la méditation, l'apôtre-évangéliste relit avec attention la page qu'il vient de tracer sur le manuscrit oblong étalé sur ses genoux. Il le retient avec sa main gauche, tandis que son menton s'appuie sur sa main droite, qui tient encore la plume ; le coude repose également sur les genoux du saint.

Un grand manteau d'étoffe carminée avec collet noir enveloppe en entier l'évangéliste, en ne laissant voir que la manche droite de son pourpoint jaune avec parements noirs.

Il a pour chaussure des souliers de cuir et des bas jaunes.

Auprès de l'apôtre, on voit la tête symbolique d'un bœuf ; on ne distingue pas le reste du corps.

Sur une table placée dans le fond, auprès d'une fenêtre à volets rouges, à moitié ouverte, et qui laisse apercevoir les toits des maisons voisines, sont déposés des manuscrits, les uns avec couverture, les autres en feuillets.

Aux pieds de la table est accrochée une écritoire garnie de plumes.

Impossible de rien voir de plus parfait comme exécution, expression et couleur. C'est un des plus remarquables spécimens du talent de M. Henri Leys, se complaisant dans son œuvre.

Hauteur 50 cent. Largeur 21 cent. Bois.

---

94. LEYS (le baron HENRI).

LE LECTEUR.

Cet intérieur marqué du cachet du XVIe siècle, ce cabinet de travail si favorable à l'étude, mais surtout ce jeune homme debout, le pied droit légèrement avancé, en gilet noir à manches jaunes avec des manchettes blanches, en culottes courtes noires et bas de même couleur, sérieusement occupé du livre qu'il tient et qu'il médite, c'est un de ces vaillants champions de l'époque de la Renaissance, qui luttaient pour conquérir savoir et renommée.

Jamais M. Henri Leys, n'a été mieux inspiré que dans cette création, qu'il ne personnifie pas, mais en regard le spectateur inscrit un nom, ou plutôt un type dans lequel s'incarne un des géants d'érudition, placés au seuil du monde monderne, comme des précurseurs du progrès des lumières.

Hauteur 45 cent. Largeur 35 cent. Bois.

95.　　　　　LEYS (le Baron Henri).

INTÉRIEUR D'UN CORPS DE GARDE (ESQUISSE).

Mollement étendu dans un large fauteuil, auprès de l'âtre d'une vaste cheminée, un officier lit une lettre que lui a remise un soldat en casaque grise, debout devant son chef.

Sur un escabeau, sont déposés l'épée et le chapeau de l'officier, et, à terre, sa cuirasse.

Près de l'âtre, dorment des soldats assis à califourchon et la tête appuyée sur le dossier de leur chaise.

A droite, le fond est occupé par d'autres personnages.

Ensemble et détails vivement saisis et exécutés avec feu.

Hauteur 28 cent. Largeur 35 cent. Bois.

96.　　　　　LIES (Joseph).

RAPT. — PILLAGE. — INCENDIE.

On sait que Joseph Lies, dont une mort prématurée a brisé le pinceau au milieu des succès de sa carrière vraiment

progressive, débuta en reproduisant la manière de M. Henri
Leys; mais il marcha bientôt dans sa force et dans sa liberté.
En voici la preuve dans cette scène de dévastation. Un château
a été pris par une bande de soudards-brigands, comme ceux
qui infestaient l'Allemagne, il y a trois siècles. Le châtelain
est entraîné loin de son noble manoir, les bras chargés de
liens; à côté de lui marche une belle et jeune personne en
robe de satin, sur l'épaule de laquelle un bandit, qui porte à
sa hallebarde un coq, fruit du pillage qui est là comme un
attribut symbolique, pose sa lourde main, en murmurant à
l'oreille de l'infortunée captive d'horribles paroles. L'épouvante de la jeune femme éclate sur ses traits, dans son regard;
le châtelain captif cherche, par un effort suprême, à briser ses
liens; mais le crime s'accomplira comme le pillage, comme
l'incendie et le rapt, titre de ce tableau qui fait frissonner.

Au bas du tertre, situé au premier plan, sur lequel se
trouve le principal groupe, un soudard contemple avec le
sourire de convoitise d'un ivrogne une bouteille qu'il élève en
l'air; plus loin un fourgon chargé de butin, et dans le fond, à
droite, le château dévoré par les flammes.

Hauteur 56 cent. Largeur 81 cent. Bois.

97.　　　　　　　　　LIES (Joseph).

LA VISITE A LA FERME.

Au centre de la composition et sur le premier plan se
trouve une jeune dame à la blonde chevelure bouclée qui
vient voir une famille de fermiers dépendant de son château.

Elle est vêtue d'une robe de satin gris à raies jaunes, avec
corsage en soie noire, sur lequel retombe une large collerette
en mousseline, et dont les poignets sont ornés de manchettes

tuyautées. De la main gauche, la dame relève légèrement sa robe, et, de la main droite, elle engage à s'approcher la petite fille de la famille qu'elle visite.

L'enfant, tout à fait intimidée, s'est réfugiée auprès de son père, paysan à la figure calme et épanouie par un bon sourire. Le brave homme est en jaquette de drap rouge sans manches, recouvrant un justaucorps à crevés ; il se trouve à demi caché par la margelle d'un puits.

La figure distinguée de la petite fille contraste avec le visage vulgaire de son frère, véritable type campagnard, en jaquette jaune et culottes brunes, qui se trouve auprès de la dame.

Un peu en arrière, vient la fermière, debout, grosse et robuste paysanne, vêtue de bleu et coiffée d'un bonnet à plis ; la main levé avec un geste d'affectueux reproche, elle engage sa petite fille à surmonter sa timidité. Enfin, derrière le groupe principal, s'élève un arbre à l'épais feuilllage ; on voit, à gauche, l'habitation de la famille rustique, et dans le fond, on distingue un château à demi caché par des arbres.

Hauteur 55 cent. Largeur 69 cent. Bois.

---

98.   LIES (Joseph).

FAUST ET MÉPHISTOPHÉLÈS.

Imiter ainsi c'est créer, dirait Goethe lui-même en face de ce tableau de Joseph Lies, qui rend d'une manière si énergique la scène des sorcières au Brocken, et accentue avec tant de fierté les deux types, également complets, de Faust et de Méphistophélès, l'un témoin, l'autre provocateur de ces rondes infernales.

La peinture dans plusieurs tableaux, le dessin dans diverses illustrations, la musique à son tour dans des compositions plus ou moins célèbres, ont traduit de différentes manières l'œuvre en quelque sorte inépuisable de Goethe; nous ne craignons pas de dire que Joseph Lies a été un des meilleurs interprètes du grand homme qui a si longtemps exercé en Allemagne une royauté intellectuelle, reconnue par l'Europe entière, et qui lui survit.

Hauteur 64 cent. Largeur 48 cent. Bois.

99. LUMINAIS (Évariste-Vital).

INTÉRIEUR BRETON.

Le peintre représente une chambre de ferme aux murs d'un ton grisâtre. Une jeune fille en costume breton est assise et fait la lecture à sa sœur, qui tient de la main gauche sa quenouille, et s'occupe à filer, tout en prêtant une oreille attentive.

A droite, dans le fond, se dresse un escalier qui reçoit le jour par une petite fenêtre; une vieille femme en gravit les marches.

Le soleil qui éclaire vivement les deux jeunes filles, la lectrice et la fileuse, projette sur les murs quelques rayons lumineux qui produisent un effet vraiment magique.

Hauteur 32 cent. Largeur 24 cent. Bois.

100. MADOU (Jean-Baptiste).

UNE RIXE DANS UNE TAVERNE.

Dans une taverne (cave voûtée) un matelot, de race africaine, en veste rouge et culottes jaunes, emporté par une

ivresse furieuse, vient d'étendre mort à ses pieds un jeune
homme qui gît sur le sol.

Près du cadavre, un autre matelot également étendu à
terre cherche à se relever. Au fond, à droite, la fenêtre
laisse pénétrer dans cet antre d'orgie et de meurtre une lumière douce, qui contraste avec ces scènes terribles.

Le combat continue à gauche entre quatre hommes ivres.

Sous une voûte, au bas de l'escalier, apparaissent, attirés
par le tumulte, un constable et des *policemen;* la tavernière,
placée à gauche, près des marches de l'escalier, reçoit le
constable et lui indique le meurtrier.

Hauteur 33 cent. Largeur 43 cent. Toile.

101.　　　　　MARILHAT (Prosper).

CHEMIN CREUX A L'ENTRÉE D'UNE FORÊT.

Plus d'une page empreinte du grand caractère de la nature
orientale, plus d'une inspiration puisée aux bords du Nil, en
face des ruines de Balbek, aux environs de Beyrouth, à Tri-
poli, etc., recommandent le souvenir de Prosper Marilhat,
mort à Paris en 1847, à l'âge de 36 ans ; mais au point de
vue du paysage de nos contrées occidentales, entendu harmonieusement comme sujet, et bien rendu par le sentiment
vrai de la couleur : voici une des meilleures compositions de
cet artiste.

A droite et à gauche, court un chemin creux entre deux
talus escarpés qu'ombragent de vieux chênes dont quelques-
uns sont brisés; ce chemin aboutit à un paysage vers le
centre de la composition.

Au premier plan, une laitière encapuchonnée et son enfant.

Dans le chemin, des moutons qui paissent sous la garde d'un pâtre.

A l'avant-plan, une mare avec des plantes vivaces émaillées de fleurs comme pour contraster avec la verdure. Tout cela simple, vrai, bien rendu par le peintre qui s'efface, tant il sait s'identifier avec la nature.

Hauteur 80 cent. Largeur 64 cent. Toile.

---

102.   MARKELBACH (Alex).

LA DERNIÈRE HEURE DE CHARLES Ier (30 janvier 1649).

Dans la nuit du 29 au 30 janvier, le roi dormit profondément jusqu'à quatre heures du matin : alors il réveilla Herbert, son valet de chambre, et lui dit : « Le jour de mon second mariage est arrivé, il me faut des vêtements dignes de la pompe. » Il indiqua les habits qu'il voulait porter, et mit deux chemises à cause de la rigueur de la saison. « Si je tremblais, dit-il, mes ennemis l'attribueraient à la peur. » Sur les dix heures il fut conduit de St-James à Wittehall par dedans le parc. Le sieur Juxon, docteur en théologie, ci-devant évêque de Londres, et le colonel Thomlinson, chef de la garde funèbre de Sa Majesté, le suivirent jusqu'en la chambre où il couchait ordinairement et faisait ses prières. Le respect partout était égal à la grandeur. Deux heures s'écoulèrent avant qu'il fut appelé au supplice. On n'a pu que former des conjectures sur ce délai mystérieux ; mais il est certain qu'on délibéra au pied de l'échafaud, en présence du blanc-seing que le prince de Galles avait fait remettre au Parlement par l'ambassadeur Seymour, avec ordre de déclarer qu'on pouvait y inscrire toutes les conditions qu'on jugerait à propos d'imposer pour le rachat du prisonnier. Le colonel Thomlinson eut l'humanité de permettre à Seymour de donner à Charles une lettre de son fils ; il reçut les dernières instructions du roi pour le prince de Galles, et, comme il se retirait, le colonel Hacker entra, il venait annoncer au monarque ses derniers moments. Quelque temps auparavant, Henriette avait été forcée de demander au Parlement de Paris ce qu'elle appelait une aumône. Retirée à Chaillot, chez les sœurs de la Visitation, Henriette devint bigote et essaya de rendre ses enfants à l'Église romaine.

(CHATEAUBRIAND. Les quatre Stuarts.)

Hauteur 1 mètre 36 cent. Largeur 1 mètre 74 cent. Toile.

---

103.   MARKELBACH (ALEX).

LA VEUVE DE CHARLES Iᵉʳ AU COUVENT DE CHAILLOT
(février 1649).

Après la mort de son mari, elle se donna le surnom de reine malheureuse et elle porta le deuil toute sa vie. L'épreuve la plus rude que cette reine eut à soutenir fut de solliciter un douaire de veuve auprès de l'homme qui l'avait fait veuve. Cromwell répondit au cardinal Mazarin que Henriette de France n'avait jamais été reconnue reine d'Angleterre.... Cette réponse sauvage, qui transformait en concubine d'un prince étranger la fille d'un de nos plus grands rois, étonne moins que la demande même de cette petite-fille de Jeanne d'Albret. Lorsque Henriette apprit ce refus, elle dit noblement : « Ce n'est pas à moi, c'est à la France que cet outrage s'adresse ! »

Ces deux descriptions sont extraites du *Catalogue de l'Exposition du Salon d'Anvers (1864)*.

Hauteur 1 mètre 36 cent. Largeur 1 mètre 74 cent. Toile.

104.   MERTZ (Jean-Corneille).

LA JEUNE VEUVE.

Dans un fauteuil rouge, ayant un rouet à sa portée, une jeune dame, en costume de deuil, se trouve assise au premier plan d'un riche appartement, décoré de colonnes; son menton repose sur sa main droite, et, de la main gauche, elle tient une lettre qu'elle vient de recevoir. Ses yeux sont baignés de pleurs.

Devant la dame, une petite fille installée dans une chaise d'enfant, construite en bois et qui ferme jusqu'en bas, joue avec une orange. Composition aussi remarquable par l'exécution que par le sentiment qui y règne.

Hauteur 80 cent. Largeur 62 cent. Toile.

---

105.   MERTZ (Jean-Corneille).

LE BILLET DOUX.

Une jeune femme tient de la main droite une lettre qu'elle lit.

Cette lecture paraît lui causer une vive émotion, car elle porte la main gauche à son cœur.

Sa figure est gracieusement encadrée par les boucles de sa blonde chevelure; une collerette lui tombe sur les épaules; elle porte un corsage moiré à basques, orné de broderies, et sur son jupon de soie noire tranche une ceinture bleue.

A ses pieds, on voit l'enveloppe ouverte de la lettre.

A gauche, auprès de la jeune personne, se trouve, sous une fenêtre, une table couverte d'un tapis rouge; sur cette table sont posés une corbeille avec des fleurs, une potiche de Delft et un beurrier.

Au fond, une chaise garnie de velours rouge, que surmonte une carte de géographie, appliquée contre le mur.

Hauteur 50 cent. Largeur 39 cent. Bois.

---

106.   MERTZ (Jean-Corneille).

COQUETTERIE.

Dans un appartement, une jeune femme aux cheveux blonds se regarde avec complaisance dans un miroir posé sur la table. De la main droite, elle fixe une rose à son corsage de soie noire. Le jupon est de même étoffe et de même couleur.

Au fond, une chaise ; à gauche, sur une table couverte d'un tapis rouge, une corbeille contenant des fleurs, un flacon et un bol.

Hauteur 54 cent. Largeur 44 cent. Bois.

---

107.   RICARD (Louis-Gustave).

TÊTE DE JEUNE FEMME.

Il y a délicatesse et suavité de pinceau dans la manière dont l'artiste a rendu cette tête de jeune femme à la chevelure blonde qui lui retombe sur les épaules, et dont le corsage rouge contraste avec le léger fichu de gaze jeté sur le buste.

Hauteur 40 cent. Largeur 37 cent. Toile.

---

108.   ROBERT (Alexandre).

PAYSANNE DES ENVIRONS DE ROME.

On connaît le grand caractère d'attitude et de beauté, ainsi que les effets du pittoresque costume aux couleurs éclatantes des paysannes de la campagne de Rome. Ce que la plume de Châteaubriand a fait avec tant d'éclat et de vérité pour la description des environs de la ville éternelle, les peintres le reproduisent chaque jour en y joignant un charme de plus, le charme de la figure humaine.

Voici une jeune paysanne assise sur la margelle d'un puits, tenant de la main droite une jarre. La pose, la physionomie, le costume, tout est en harmonie avec l'ensemble du paysage, qui se termine par un horizon de montagnes.

Hauteur 31 cent. Largeur 23 cent. Toile.

---

109.   ROELOFS (W).

PAYSAGE.

A l'avant-plan, une mare dont s'approche un grand bœuf roux, attiré par la richesse de la végétation et la fraîcheur de l'eau.

Un groupe d'arbres et, dans le fond, trois vaches qui paissent paisiblement.

Comme sujet principal, presque au centre, deux arbres magnifiques ; un berger, son bâton à la main, appuyé contre le tronc d'un de ces arbres, qui se dressent sur un tertre, une vache qui rumine à l'ombre, et un paysan qui fauche l'herbe avec une serpette.

Dans le fond, à droite, une vache occupée à paître. La beauté des arbres, l'éclat de la verdure, le calme répandu dans ce site, les nuages qui voilent à demi le ciel, tout se réunit pour ajouter au charme de cette composition.

Hauteur 1 mètre 48 cent. Largeur 1 mètre 97 cent. Toile.

---

110.   ROUSSEAU (Théodore).

PAYSAGE.

Le premier plan du tableau est occupé par une plaine verdoyante, longée à gauche par une route qui aboutit, vers l'arrière-plan, à un site boisé.

A droite s'étend une mare, derrière laquelle on voit des terrains entrecoupés de petits massifs d'arbres.

Quelques figures et un clocher que l'on aperçoit dans le lointain animent ce paysage.

Hauteur 42 cent. Largeur 64 cent. Bois.

---

111.   RUYTEN (J.).

MARINE.

Au bord de la mer, s'élève un château fort. La lune répand sur la composition une lueur vague et mystérieuse.

A droite, sur un parapet, un homme avec une torche allumée, guide deux soldats portant un cadavre qu'ils vont jeter dans les flots. Est-ce le résultat d'un crime dont l'Océan doit emporter la trace ? A droite, se dressent la silhouette d'une tour et quelques habitations.

Hauteur 19 cent. Largeur 21 cent. Bois.

---

112.   SCHELFHOUT (André).

PAYSAGE DES ENVIRONS DE LA HAYE.

Au premier plan, une route sablonneuse, où poussent quelques touffes de gazon, et qui se prolonge pour disparaître et se perdre dans le fond.

A droite, est arrêté auprès d'une cabane au toit de chaume un chariot attelé de deux chevaux, et dont le conducteur cause avec une vieille femme qui se trouve à l'entrée de la cabane.

Derrière, s'élèvent des ruines vivement éclairées par les rayons du soleil, ainsi que le chemin.

A gauche, on voit au premier plan, une pièce d'eau à la surface tranquille; elle est bordée de taillis épais; on y remarque des algues marines et une barque, amarrée à la rive, près de deux femmes occupées à faire blanchir du linge.

Sur le chemin, un troupeau de moutons avec un pâtre. Dans le lointain, la ville avec tourelles et ses constructions.

André Schelfhout nous montre, par cette gracieuse composition, que son talent embrasse et reproduit les scènes de la nature dans toutes les saisons de l'année.

Hauteur 45 cent. Largeur 65 cent. Bois.

---

113.   SCHELFHOUT (André).

MER HOULEUSE.

Un bateau à deux mâts, poussé par un bon vent et toutes voiles déployées, s'avance rapide vers un port que l'on aperçoit dans le fond à gauche.

Plus loin, une barque de pêche marche avec peine en louvoyant et courbée sous la violence du vent, elle se dirige vers le même but.

Les vagues, d'un ton verdâtre, sont rendues avec une grande légèreté de touche. Elles semblent onduler et se mouvoir.

Hauteur 20 cent. Largeur 25 cent. Bois.

---

114.   SCHELFHOUT (André).

PLAGE DE SCHEVENINGEN.

A gauche, la mer ; à droite, la plage et des dunes. Sur les flots, quelques embarcations, dont une au premier plan, montée par trois pêcheurs, se dirige vers le rivage.

Sur la plage, sont échouées deux chaloupes et une barque. De nombreuses figures animent la composition.

Enfin, à droite, derrière les dunes d'un aspect verdoyant, un village, son clocher et une tour en ruines complètent ce sujet très-finement traité.

Hauteur 33 cent. Largeur 43 cent. Bois.

---

115.   SCHELFHOUT (André).

EFFET D'HIVER EN HOLLANDE.

Sur un canal, dont la glace enchaîne les eaux, et qui traverse un paysage auquel l'hiver donne cet aspect dont la reproduction est un des triomphes de Schelfhout, circulent quelques personnages ; une femme est arrêtée et fait la conversation avec un homme qui transporte du bois au moyen d'un traîneau. Un patineur déploie son agilité ; plus loin, quelques femmes auprès d'une cantine établie sur la glace.

A droite, sur la rive du canal, s'élève un moulin à vent que côtoie un chemin suivi par un paysan conduisant une charrette.

Toute la campagne est couverte d'une épaisse couche de neige.

Hauteur 14 1/2 cent. Largeur 18 1/2 cent. Bois.

116. SERRURE (Auguste).

INTÉRIEUR D'UN PARC DU TEMPS DE LOUIS XIV.

Le peintre a reproduit le parc d'un château que l'on aperçoit dans le fond.

Sur un chemin, qui occupe tout le premier plan et borde un étang glacé, un jeune seigneur et sa femme richement vêtus causent avec une demoiselle, debout devant eux, et tenant de la main gauche un petit manchon.

Une balustrade en pierre s'élève sur l'autre bord de l'étang, dont la surface glacée est couverte de patineurs, les uns poussant des traîneaux, les autres faisant la conversation, de manière à former les groupes les plus pittoresques.

Hauteur 38 cent. Largeur 43 cent. Bois.

---

117. SLINGENEYER (Ernest).

LA MORT HÉROÏQUE DU FELD-MARECHAL C.-B. LONGUEVAL, COMTE DE BUCQUOY (1621).

L'alarme est donnée au camp de Neuhaüsel, un convoi impérial a été attaqué par des forces supérieures ; sans se donner le temps de revêtir une armure défensive, le feld-maréchal comte Longueval de Bucquoy s'est précipité, en pourpoint de satin, au plus fort de la mêlée. L'ordre de la Toison d'or qui brille sur sa poitrine le désigne aux coups de nombreux assaillants. Littéralement criblé de blessures, il est tombé sans connaissance, et ses intrépides Wallons l'emportent loin du champ du bataille ; ils ne veulent pas que leur chef adoré, leur illustre compatriote, tombe au pouvoir de l'ennemi. Ce groupe principal occupe le centre gauche de la composition.

Un soldat, au teint bronzé par la vie des camps, à la physionomie rude, soutient les jambes du comte et se dirige à droite ; lui-même a la tête entourée d'un linge en bandeau, marbré de sang; mais il ne songe qu'à sauver son général. Deux autres soldats wallons portent le comte, qu'ils soutiennent par le haut du corps, sous les bras, tandis que leurs compagnons combattent avec acharnement pour couvrir cette glorieuse retraite. Un de leurs adversaires a saisi l'écharpe du comte, sur la tête duquel il lève une hache pour frapper. Plus prompt que l'éclair, un Wallon arrête et retient la hache avec la main gauche, et de la droite tire un coup de pistolet qui brise le crâne de l'agresseur. Mêlée générale à droite et dans le fond.

Hauteur 1 mètre 8 cent. Largeur 1 mètre 37 cent. Toile.

---

118.   SLINGENEYER (Ernest).

INONDATION DU BORGHT, VILLAGE PRÈS DE VILVORDE,

Surprise par la brusque invasion des eaux, qui montent menaçantes, une malheureuse famille cherche à se soustraire à l'inondation.

Ces infortunés n'ont pour refuge qu'un grand arbre, aux branches duquel le père s'est cramponné avec efforts; de la main gauche, il cherche à monter au sommet; de la droite, il tient sa femme qui porte un de ses enfants ; l'autre est tombé dans les flots ; les yeux hagards, la mère désespérée contemple avec une expression déchirante la victime... Sera-t-elle sauvée? Que deviendront ces infortunés? Des secours arriveront-ils à temps ? Terribles questions que se fait le spectateur, comme s'il se trouvait en présence de la réalité, tant le peintre a su porter au plus haut degré le sentiment de la terreur et l'effet de l'illusion.

Hauteur 2 mètres 43 cent. Largeur 1 mètre 84 cent. Toile.

119.　　　STEVENS (Joseph).

LA CHASSE.

Au centre de la composition, sur le premier plan, un chien de chasse, à robe blanche mouchetée de plaques rousses, est tombé en arrêt, la patte en avant, la queue tendue ; il vient d'apercevoir une perdrix cachée dans l'herbe ; un autre chien noir, le museau sur le sol, quête et flaire la piste.

Au fond, s'élèvent des habitations entourées d'arbres et les tourelles d'un château.

Au bout d'un champ de blé, à droite, un chasseur, le fusil armé, sur le point de faire feu.

Hauteur 64 cent. Largeur 90 cent. Bois.

120.　　　STEVENS (Joseph).

CHIEN DE CHASSE.

Un épagneul de grande race, à la robe brune, mouchetée de blanc à la poitrine et aux pattes, sort d'un marais, en tenant dans sa gueule un canard sauvage.

Sa patte gauche est relevée ; de la droite, il s'appuie sur un talus qui borne la mare, et ses pattes de derrière sont encore enfouies dans les roseaux.

Son expression se distingue par la noblesse, la fierté, et ses regards sont remplis de feu.

Hauteur 1 mètre 10 cent. Largeur 92 cent. Toile.

---

121.   STEVENS (Joseph).

LES SINGES SAVANTS.

Auprès d'un fort, vient d'avoir lieu une exécution militaire ; un singe a été la victime sacrifiée au maintien de la discipline guerrière ; les yeux bandés, il gît sur le sol.

A gauche, le magistrat (un singe aussi) gravement coiffé d'une toque, est là, tenant la sentence de mort. Sur un escabeau, se trouve un singe affublé en soldat, et armé d'un fusil.

Au second plan, un singe en noir, costume de croque-mort, amène le corbillard dans lequel doit être déposé le cadavre.

Derrière, se trouve un detachement commandé par un officier. Tous ces quadrumanes prennent leur rôle au sérieux et le remplissent très-bien.

Hauteur 29 cent. Largeur 38 cent. Toile.

---

122.   STEVENS (Joseph).

CHIEN GRIFFON.

Un petit chien griffon, à robe blanche, fait un brusque mouvement de haut le corps en arrière sous l'impression que lui cause un ennemi qu'il vient d'apercevoir. Ce n'est pourtant qu'une souris qui s'est blottie dans une gibecière, déposée sur le sol devant le chien.

Le griffon regarde avec un sentiment de terreur le point où a dû se réfugier l'adversaire qu'il redoute.

Près de la gibecière, on voit un gant en peau de daim et une cravache.

L'appartement est orné d'un riche rideau en damas.

Hauteur 46 cent. Largeur 58 cent. Toile.

---

123.   STEVENS (JOSEPH).

SINGE.

Un singe, accroupi et enchaîné, est parvenu à s'emparer d'un sucrier. Quelle aubaine pour la gourmandise du captif, et quel doux passe-temps !

Maître Bertrand tient entre ses griffes toute une provision de morceaux de sucre, qu'il croque avec une vivacité comique.

Hauteur 45 cent. Largeur 60 cent. Toile.

---

124.   STEVENS (JOSEPH).

CHIENS.

Deux chiens courants, l'un à robe blanche mouchetée de plaques noires, est tranquillement couché ; l'autre stationne debout ; il est noir ; mais en arrière, un cor et une veste de chasse, qui pendent à des troncs d'arbres, attestent les rudes fatigues qui viennent de mettre à l'épreuve ces deux chiens.

Hauteur 46 cent. Largeur 64 cent. Toile.

125.　　　　　STEVENS (Joseph).

L'ABREUVOIR.

Un paysan en blouse, monté sur un cheval blanc et en tenant un noir par la bride, les fait baigner dans un étang bordé à droite par la lisière d'une forêt.

Un chien blanc court sur la pente qui conduit au bord de la pièce d'eau.

L'homme, les chevaux, le chien comme l'étang et le paysage, sont marqués au coin de la vérité d'observation et d'exécution.

Hauteur 16 cent. Largeur 24 cent. Bois.

126.　　　　　STEVENS (Alfred).

LE PETIT DESSINATEUR.

Un jeune dessinateur assis devant une table où se trouve un modèle anatomique (écorché), qu'il va copier, taille son crayon et étudie le caractère et les lignes du plâtre. Un grand carton repose sur le bord de la table et les genoux du dessinateur.

Hauteur 18 cent. Largeur 25 cent.

127.　　　　　STURM.

LE CHAMPION DU JUGEMENT DE DIEU.

Voici un des plus dramatiques souvenirs du moyen âge.

Une accusation d'adultère a été portée contre Cunégonde, la femme de Henri II, empereur d'Allemagne, qui croit à l'innocence de sa compagne, dont un combat doit décider.

L'impératrice a été reléguée dans une salle du palais ; elle est assise sur un trône, auprès d'un magnifique prie-Dieu sculpté ; et Henri II lui appuie affectueusement une main sur l'épaule gauche, tandis que devant l'accusée est agenouillé son jeune champion, le comte Bérenger de Toulouse, qui lui baise la main, avant d'aller combattre en champ clos pour manifester le jugement de Dieu.

Dans le fond, la vieille nourrice de Cunégonde tient dans ses bras l'enfant nouveau-né de l'impératrice.

Hauteur 67 cent. Largeur 51 cent. Bois.

---

128.   TAVERNIER.

LE PASSAGE DU BAC.

A gauche se déploie une forêt composée d'arbres de haute futaie. A droite un cours d'eau traverse le paysage ; un batelier franchit la rivière au moyen d'un bac où se trouvent quatre paysannes ; une d'elles est montée sur un cheval blanc.

Hauteur 69 cent. Largeur 99 cent. Toile.

---

129.   TRAYER (Jean-Baptiste-Jules).

LA JEUNE MALADE.

On sait que Jules Trayer se distingue également comme paysagiste et comme peintre de genre.

La *jeune malade* appartient à cette dernière classification ; c'est une gracieuse élégie de salon, qui émeut sans attrister ; car rien n'annonce un dénoûment funeste, un arrêt de mort

irrévocable, comme dans le chef-d'œuvre du poëte Millevoie :
le jeune malade, qui suivra de près la chute des feuilles.

Au centre d'une pièce meublée avec un goût sobre, sur un
fauteuil rouge, avec un coussin blanc qui adhère au dossier,
est assise une jeune personne, dont l'attitude, la physionomie
accusent un état de souffrance qui ajoute à l'intérêt qu'elle
inspire.

Près d'elle, sur un tabouret, est une autre jeune fille qui
fait la lecture à la malade.

Cette scène bien simple offre un charme sympathique, qu'il
est difficile de décrire, et que le peintre a su rendre avec
talent.

Hauteur 53 cent. Largeur 45 cent. Bois.

130.　　　VAN HOVE (Hubert).

INTÉRIEUR D'UNE SACRISTIE.

Au premier plan, un jeune thuriféraire en robe rouge,
avec un petit col rabattu, tient à la main un encensoir qu'un
autre enfant de chœur, en habit et en culottes bleues, agenouillé devant le thuriféraire, va garnir de son réchaud.

Sur une armoire qui se trouve en arrière sont déposés
une aube, une chasuble, un encensoir, des candélabres et un
missel, rendus avec une grande finesse d'exécution. Au-dessus
de l'armoire, une Sainte-Famille encadrée dans un autel
en bois.

Au fond, à droite, par une porte cintrée qui est ouverte,
on aperçoit le banc de communion de l'église, ensuite un
prêtre et un enfant qui le précède ; ils reviennent de célébrer
le service divin.

Au premier plan, à gauche, se trouve une fontaine ; enfin,

par une porte ouverte, on distingue un escalier, une lampe
déposée sur un escabeau et d'autres accessoires, traités avec
beaucoup de soin.

Hauteur 66 cent. Largeur 77 cent. Bois.

---

131.   VAN HOVE (Hubert).

INTÉRIEUR D'UNE SYNAGOGUE.

Le peintre a rendu dans ce tableau, avec beaucoup d'animation et de vérité, l'intérieur d'une synagogue. Le vieux
culte mosaïque avec ses prescriptions immuables, ses céré-
monies traditionnelles, continue ainsi depuis trente-trois
siècles, sans que rien soit changé à la place qu'occupent les
lévites, à la manière dont est disposé le Livre de la Loi, à la
séparation des deux sexes, rangés chacun d'un côté.

Seulement, au lieu des proportions du temple de Sion, et
des merveilles architectoniques exécutées par ordre du roi
Salomon, à l'époque de la plus haute prospérité de la nation
hébraïque, la synagogue, tout en rappelant le passé, atteste
aussi la dispersion de l'ancien peuple de Dieu. Mais le type
primitif est fidèlement saisi par l'artiste ; et devant ces physionomies si bien caractérisées, on reconnaît l'ineffaçable
empreinte dont le plus grand des législateurs a su marquer
son peuple jusqu'à la fin des siècles.

Hauteur 77 cent. Largeur 64 cent. Bois.

---

132.   VAN HOVE (Hubert).

INTÉRIEUR D'UN RICHE APPARTEMENT DE CHATEAU.

Près d'une table, que recouvre un tapis rouge, une noble
châtelaine, en costume somptueux, est assise, ayant ses deux
enfants auprès d'elle.

À sa droite, se trouve son fils vêtu d'un pourpoint bleu et d'un haut-de-chausses rouge ; il appuie la main gauche sur le bras du fauteuil qui lui sert de siége.

Devant la dame et causant avec elle, un gentilhomme revêtu d'une cuirasse est assis sur une chaise dont le dossier est couvert de son manteau rouge.

A gauche, une large cheminée, décorée d'un tableau ; et tout près, une chaise garnie de cuir sur laquelle est déposée une potiche de Delft contenant des fleurs.

Hauteur 18 cent. Largeur 24 cent. Bois.

133.　　　　VAN OS (G. I. I.).

FLEURS.

Sur une tablette en pierre l'artiste a reproduit des quarantaines, des oreilles d'ours, des œillets, enfin quelques autres fleurs qui attirent à la fois le regard et la main. Un papillon s'y tromperait et viendrait y butiner.

Hauteur 10 1/2 cent. Largeur 16 cent. Bois.

134.　　　　VERBOECKHOVEN (Eugène).

LE CHIEN DE TERRE-NEUVE ET L'ÉPAGNEUL.

Quel admirable type de puissance et de force dans ce chien de Terre-Neuve pour lequel Eugène Verboeckhoven semble avoir épuisé les séductions de son pinceau magistral !

L'attitude de ce puissant animal, l'éclat de sa robe, mais surtout son regard intelligent et doux font de ce portrait un tableau, complété par le contraste du petit épagneul, qui nous montre un des diminutifs de la race canine.

En même temps, le collier qui gît à terre, la paille, la mangeoire, un bâton et divers accessoires de cette espèce de box, car on ne peut employer le mot de niche pour ce chien géant, classent cette œuvre parmi les meilleures de l'artiste.

Hauteur 1 mètre 32 cent. Largeur 2 mètres 17 cent.

---

135. VERBOECKHOVEN (Eugène).

ANIMAUX AU PATURAGE.

Au centre de la composition, sur une pelouse en partie dénudée de gazon, auprès de troncs d'arbres renversés, rumine paisiblement un bœuf à la robe fauve mouchetée de plaques blanches.

A côté, mais à l'avant-plan, une brebis chargée d'une épaisse toison garde deux petits agneaux couchés devant elle.

Derrière, près des troncs d'arbres, à droite, un bélier armé de longues cornes ; et à gauche, devant le bœuf, un chevreau qui bondit.

A droite et à gauche, des massifs d'arbres bien groupés ; enfin, à l'horizon s'élèvent des montagnes boisées qui le cernent et forment le fond du tableau.

Hauteur 72 cent. Largeur 113 cent. Toile.

---

136. VERBOECKHOVEN (Eugène).

PATURAGE AVEC ANIMAUX.

Au premier plan, un riche pâturage où l'on voit un groupe formé d'une brebis couchée avec son agneau, et d'une chèvre debout, dont les attitudes sont parfaitement rendues. Dans le fond, quelques bêtes ovines.

Hauteur 18 cent. Largeur 14 c. Bois.

---

137.   VERLAT (Charles).

CHIENS ET PERROQUETS.

Sur une colonne ayant pour base un piédestal en marbre gris, un perroquet au plumage rouge, jaune et vert, et un cacatoës blanc, se défendent avec énergie contre l'agression brutale d'un boule-dogue à la robe jaune et blanche, tandis que, près du boule-dogue, à droite, un magnifique chien noir épagneul, de grande race, contemple avec indifférence cette lutte. Les deux chiens sont placés sur un tapis de Turquie. A gauche, une treille de vigne et des bec-figues. A travers les pampres on entrevoit le ciel.

Hauteur 96 cent. Largeur 1 mèt. 29 cent. Bois.

---

138.   VERVEER (Salomon-Léonard).

PAYSAGE.

A droite du spectateur, on voit une pièce d'eau, touchée avec finesse, tandis qu'à gauche se trouve une prairie occupée par une blanchisserie. Plusieurs femmes y lavent et y étendent du linge.

A l'arrière-plan, quelques habitations rustiques près d'un bouquet d'arbres et sur les bords du cours d'eau ; enfin le clocher d'une église, qui s'élève et domine les habitations voisines, complète ce paysage par une idée morale et religieuse.

Hauteur 18 cent. Largeur 23 cent. Bois.

139.   VERVEER (Salomon).

VUE D'UNE VILLE EN HOLLANDE.

Au centre de la composition, on voit une rue bordée de maisons de divers styles d'architecture, qui conduit à une place située dans le fond, où s'élèvent les tours monumentales d'une église. Devant l'édifice religieux, se trouve une fontaine.

De nombreux personnages, groupés avec art, circulent, dans des directions différentes, en animant à la fois la rue centrale et la place où s'élève l'église.

Hauteur 21 cent, Largeur 25 cent, Bois,

---

140.   WALDORP (Antoine).

ÉPISODE MARITIME.

A l'entrée d'un port, au premier plan, une chaloupe à voiles portant plusieurs personnes s'avance à gauche, tandis que sur le même plan à droite, vogue une barque à rames avec des officiers et un clairon qui sonne de la trompette.

Un peu plus en arrière, vers le fond, une chaloupe à voiles avec dunette élevée se dirige vers un bâtiment à trois mâts dont elle salue l'arrivée par un coup de canon, auquel répond une salve d'artillerie du grand bâtiment, placé à l'arrière-plan de la composition.

De nombreuses embarcations, qui stationnent à droite, ajoutent à l'intérêt de ce charmant spécimen du mérite spécial de Waldorp.

Hauteur 25 cent. Largeur 32 cent. Bois.

---

141. WAUTERS (Charles).

POLYDORE DE CARAVAGE.

Sur un échafaudage, qui s'élève sous les cintres d'une salle du Vatican, Polydoro Caldara, jusque-là employé à des plafonds réservés aux fresques, pressent sa vocation à l'aspect d'une magnifique peinture de Raphaël Sanzio, devant laquelle il reste frappé d'admiration.

Lui aussi peindra des fresques ; de manœuvre et de maçon, il deviendra le meilleur élève de Raphaël, et plus tard le chef de l'École de Messine.

Hauteur 57 cent. Largeur 46 cent. Bois.

---

142. WILLEMS (Florent).

LA MISSIVE.

Dans un riche appartement, dont les murs sont tendus d'une tapisserie en cuir repoussé, une jeune femme, à la taille svelte, d'une charmante figure, est occupée à cacheter une lettre qu'elle vient d'écrire.

On la voit presque de profil, et ses yeux sont fixés sur la lettre.

Une abondante chevelure brune fait ressortir la finesse de ses traits.

Le peintre a rendu la robe de satin blanc avec une telle perfection, que l'on croit entendre le *froufrou* de l'étoffe soyeuse. Une large collerette en forme de guimpe retombe sur les épaules de cette jeune femme.

Dernière elle, se trouve le siége garni de velours qu'elle vient d'abandonner.

Sur la table, que recouvre un tapis rouge orné du riches armoiries brodées, que rehausse une bordure en argent, sont déposés un chandelier et une écritoire.

Au fond de l'appartement, un page attend, dans l'attitude du respect, la réponse au message qu'il vient sans doute de remettre.

Il tient de la main gauche son chapeau en feutre, et ses bras pendent le long de son corps.

Sa houppelande grise, ouverte aux bras, laisse voir les manches de son pourpoint jaune.

Au mur de face pend un tableau avec cadre noir. A gauche, se trouve la porte de l'appartement.

Hauteur 61 cent. Largeur 48 cent. Bois.

---

143.   WILLEMS (FLORENT).

LA MESSAGÈRE AILÉE.

Du haut d'un perron, pavé de dalles en marbre rouge, blanc et noir, une jeune femme, vue de trois quarts, aux traits suaves, qu'anime un doux sourire, fait partir une tourterelle, après avoir attaché un billet au cou de la gracieuse messagère.

La jeune femme tient les mains levées en l'air comme pour hâter le départ de son facteur, dont elle attend avec confiance le retour. Elle est coiffée d'une toque bleue avec des plumes jaunes et des fleurs ; sa robe de satin blanc à corsage à basques est serrée à la taille par une ceinture jaune.

Sur un pilastre de la balustrade du perron s'élève un vase sculpté contenant des tulipes, et derrière, des rhododendrons ainsi que des lilas.

Hauteur 55 cent. Largeur 45 cent. Bois.

144. WILLEMS (FLORENT).

INTÉRIEUR.

Dans un appartement richement décoré, aux tentures de soie rouge, que rehaussent des galons d'argent, une jeune et jolie femme est occupée à lire ; elle se montre presque entièrement de face.

Sa longue chevelure blonde encadre une figure charmante, et quelques boucles lui tombent sur les épaules. Elle est vêtue d'une robe de satin blanc avec corsage à basques. Une chemisette en guipure à bords festonnés lui décore la poitrine, et de son jupon se détache le bout d'un pied d'une forme tout à fait aristocratique, que fait ressortir une mignonne chaussure en satin.

Dans le fond, s'élève une armoire en bois sculpté, dont un battant ouvert laisse apercevoir des livres rangés avec ordre. Près de l'armoire, à droite, contre le mur, un canapé garni de velours rouge avec galons d'argent.

Hauteur 55 cent. Largeur 45 cent. Bois.

145. WILLEMS (FLORENT).

ENFANT JOUANT AVEC SA POUPÉE.

Voici une des plus gracieuses compositions de Florent Willems. Au centre d'une chambre dont la décoration simple et le ton sobre de couleur mettent en relief le sujet du tableau, sur un coussin en velours rouge, est assise une petite fille qui s'essaie sérieusement au rôle de mère de sa poupée.

Vêtue d'une robe de satin rose-perle avec un tablier blanc à taille, des souliers jaunes à rosettes, des bas blancs et ses cheveux retenus en arrière par un nœud de rubans rouges, la *jeune maman* tient dans ses bras une poupée emmaillottée ; un mélange de bonté et de finesse anime cette physionomie enfantine.

Quelques accessoires gisent sur le sol et complètent cette scène naïve ; à la gauche du spectateur, un *abécédaire* ouvert pour la leçon de lecture que la petite maman donnera à sa poupée, un polichinelle, et de l'autre côté, à droite, un berceau en osier, au pied duquel on voit de petites mules

Tout cela bien distribué, parfaitement rendu, avec cette pureté de dessin et cette harmonie de coloris qui distinguent le talent de Willems.

Hauteur 40 cent. Largeur 32 cent. Bois.

ÉCOLES ANCIENNES.

146.   TENIERS (David) le fils.

CUISINE DE L'ARCHIDUC LÉOPOLD, AU XVII° SIÈCLE.

Ce tableau représente l'intérieur d'une vaste cuisine; au
centre du premier plan, trois cerfs morts, étalés dans différentes attitudes; auprès, un cuisinier, armé d'un coutelas,
suspend son travail sur un des cerfs pour s'occuper d'un
jeune homme portant un lièvre suspendu par les pattes à un
bâton. Par une porte latérale, entre une jeune femme tenant
d'une main un plat, de l'autre une cruche, tandis que plus
haut, la tête encadrée dans une petite fenêtre carrée, une
vieille femme contemple avec un œil de convoitise les apprêts
de cette cuisine pantagruélique.

Au fond du tableau, une quadruple broche, disposée en
étages, et chargée de quartiers de viande, d'oies, de volailles,
tourne majestueusement devant un grand feu, dans une vaste

cheminée, sous la surveillance de deux garçons occupés à arroser le rôti. A gauche du premier plan, des canards, des perdrix, des asperges ; sur un bloc de boucher un quartier de veau et divers accessoires ; auprès, une table, longue et élevée, devant laquelle est assis un cuisinier en bonnet blanc qui larde une pièce de volaille. Au-dessus pendent, à un croc, un coq d'Inde, un poulet, des pigeons.

La couleur de ce magnifique tableau est parfaitement appropriée au sujet. Aussi fraîche que riante, la touche du maître y éclate plus vive et plus large que de coutume.

Les divers personnages sont reproduits dans leurs attitudes respectives, de manière à correspondre en même temps à leur caractère individuel et à l'effet de l'action générale. Il en est de même des accessoires, et tout concourt, dans cette composition saisissante de réalisme, à lui mériter une place distinguée parmi les meilleurs ouvrages de Teniers.

Hauteur 88 cent. Largeur 1 mètre 33 cent. Bois.

Ce tableau a fait partie de la collection de madame la baronne de Hemptines, 1780 ; — puis de celles de M. Lebrun, à Paris, en 1812 ; — de M. Dufrène, également à Paris, en 1816 ; — là il fut vendu 15,000 francs, aux enchères publiques.

Décrit au *Catalogue raisonné* de Smith, volume III, page 372, n° 432.

147.　　　　　VAN DYCK (Antoine).

SAINTE MARTHE IMPLORANT LE CHRIST EN FAVEUR DES HABITANTS DE TARASCON. (BOUCHES DU RHÔNE).

Le sujet de cette belle composition remonte aux premières légendes du christianisme, propagé dans le midi de la Gaule, *la Province romaine*, par sainte Marthe, la pieuse hôtesse du Rédempteur, Lazare, que la voix puissante de son divin *ami* avait évoqué du fond de son tombeau et rappelé à l'existence, Marie-Magdeleine, la pécheresse qui devait immortaliser, par sa pénitence, les rochers de la Sainte-Baume.

D'après une légende aussi populaire que révérée dans toute la Provence, la ville de Tarascon, située sur la rive gauche du Rhône, en face de Beaucaire, était désolée par un monstre qui avait dévoré de nombreuses victimes, et répandait la peste sur ses traces. On l'appelait la *Tarasque*.

Sainte Marthe avait déjà commencé son mandat d'évangélisation à Avignon, tandis que son frère Lazare fondait une église chrétienne à Aix *(Aquæ sextiæ)*. Les habitants de Tarascon envoyèrent une députation à sainte Marthe, pour la supplier de les sauver. Elle se rendit à leurs vœux, et força le monstre de se jeter dans le Rhône.

L'imagination de Van Dyck a conçu en poète et exécuté en artiste, sous les inspirations de la foi, ce tableau dans lequel il représente sainte Marthe, offrant, par sa noble et touchante physionomie et ses cheveux d'un blond ardent, une ressemblance de famille avec sa sœur Marie-Magdeleine. Sur un nuage que soutient un groupe d'anges, admirablement distribués dans les attitudes les plus pittoresques, sainte Marthe s'élève vers le ciel, les regards élevés vers le Christ, qu'elle entrevoit dans sa gloire. A gauche, un ange s'apprête à déposer sur la tête de la sainte une couronne de fleurs ; c'est l'indice de salut ; la prière de la patrone de Tarascon est exaucée.

Au bas du tableau, on aperçoit une ville, un château-fort, le Rhône aux flots bleus, et sur l'autre rive la montagne de Beaucaire, dont les habitations s'étendent à droite.

Les tableaux, dits de *chevalet*, sont très-rares dans l'œuvre de Van Dyck, ce maître ayant consacré la majeure partie de sa belle, mais trop courte carrière, à faire des portraits ; aussi est-ce une bonne fortune offerte aux gens de goût que la possibilité d'acquérir un tableau plein de grâce et de charme comme celui-ci.

En effet, il ne s'agit pas seulement d'une composition délicieuse par le caractère et l'expression vraiment angéliques de chaque figure, rendue avec inspiration, c'est encore une peinture où la vie éclate dans l'ensemble et les détails, attestant que l'habileté exquise de la main s'unit à la puissance créatrice d'une imagination d'artiste et de poëte.

Hauteur 97 cent. Largeur 72 cent. Toile.

---

148.   EECKHOUT (Gerbrand van den).

ESTHER, ASSUÉRUS.

Sous un portique du palais des rois des Perses, à Suze, se trouve Esther, aux pieds de laquelle vient se jeter son oncle Mardochée pour lui révéler les ordres de meurtre que le premier ministre du roi Assuérus, l'Amalécite Aman, a expédiés aux Satrapes des provinces, qui, le même jour, à la même heure, doivent faire massacrer les Hébreux. Assuérus, debout sur la partie supérieure du portique élevée de quelques marches, tend son sceptre en signe de clémence et de pardon ; à côté du roi on voit la figure d'Aman. Des gardes, des grands dignitaires du palais, des conseillers du roi Assuérus complètent cette scène, où l'on pressent l'heureux succès de la démarche de Mardochée.

Hauteur 1 mètre 38 cent. Largeur 1 mètre 72 cent. Toile.

149.   HEEM (Jean-David de).

NATURE MORTE.

Sur une table en partie recouverte d'un tapis, on voit divers accessoires rendus par le peintre avec la vérité la plus saisissante.

Des harengs et quelques ciboules sont étalés sur un plat d'argent, aux bords duquel se trouvent une rose moussue et un concombre ouvert. Tout auprès, sur la table, des cerises et un couteau à manche en or.

A gauche, un beurrier en porcelaine, dans lequel est renversé un bol à dessins bleus, qui reflète la fenêtre de l'appartement.

Voici une corbeille en joncs sur laquelle est posé un plat d'argent contenant une langouste.

Plus à gauche, un vase d'argent chargé de roses, de lis, de chrysantèmes, de libellules, tout un parterre en miniature. Derrière le bol dont il est question plus haut, trois verres de Venise ; puis plus à gauche, un citron.

Un rideau en partie relevé occupe le haut de la table à droite.

Hauteur 44 cent. Largeur 62 cent. Bois.

---

150.   HUGTENBURG (Jean van).

CHOC DE CAVALERIE.

Sur le premier plan, des cavaliers et leurs chevaux, morts ou blessés, étendus sur le sol ; au second plan, deux cavaliers l'un vu de dos, l'autre de face, font feu sur leurs adversaires. Un cheval rue, pendant que son maître, étendu à terrre, le

tient par la bride. Plus loin, une mêlée. A gauche, un cavalier
ramène son cheval qui sort d'une mare d'eau, et un officier su-
périeur entraîne les premiers rangs d'un régiment de cavalerie qui s'élance à la charge. On voit dans la plaine les
chariots d'une ambulance, et dans le lointain un nuage de
fumée, s'élevant au-dessus de masses de fantassins et de cavaliers qui se heurtent, annonce un combat acharné.

Hauteur 48 cent. Largeur 56 cent. Bois.

---

151.   OSTADE (Adrien van).

UN FUMEUR.

Voici un de ces types hollandais, objet des prédilections
d'Adrien van Ostade, qui excellait à les reproduire. Ce brave
homme au nez bourgeonné, à la face rubiconde, vient de
retirer sa pipe de ses lèvres, et son bras droit s'appuie sur
une table où se trouve une fiole.

Dans le fond, quelques accessoires sur une étagère, et
notamment une collection de bouteilles expliquant suffisam-
ment la trogne si bien culottée du compère peint par Van
Ostade.

Hauteur 16 cent. Largeur 13 cent. Bois.

---

152.   RYCKAERT (David).

INTÉRIEUR.

Dans un intérieur flamand, autour d'une table chargée d'un
jambon, se trouvent des hommes et des femmes qui se livrent
à la boisson, dont la chaleur commence à exalter les têtes.

Des crêpes étalées, d'autres accessoires annoncent un jour de bombance.

Hauteur 98 cent. Largeur 1 mètre 36 cent.

153.　　　　ALBANE (École de l').

ACTÉON CHANGÉ EN CERF.

Les poëtes de l'antiquité, et surtout Ovide ont rendu célèbre le métamorphose en cerf de l'imprudent Actéon qui, entraîné par l'ardeur de la chasse, surprend Diane au moment où la chaste déesse se baignait avec ses nymphes au fond d'une forêt.

L'artiste à parfaitement rendu cet épisode, et nous avons sous les yeux une page vraiment digne de cette école si bien dirigée par François Albani, dit l'Albane, que l'on a surnommé l'Anacréon de la peinture.

Rien de plus simple et de plus saisissant que ce tableau, qui représente Actéon cherchant à se soustraire aux regards, tandis qu'une nymphe, debout auprès de Diane, tient un linge blanc qui voltige au souffle de la brise.

Hauteur 54 cent. Largeur 75 cent. Toile.

154.　　　　FLINCK (Govert).

PORTRAIT D'UN JEUNE HOMME.

L'attitude et la physionomie du jeune homme sont relevées par la richesse du costume, que rehausse la couleur amarante du manteau de velours.

Hauteur 1 mètre 8 cent. Largeur 91 cent. Toile.

---

155.   MORO (École d'Antonio).

PORTRAIT D'UN GUERRIER.

Peinture mâle et énergique, reproduisant un type vraiment militaire, vu jusqu'aux genoux et couvert d'une armure défensive.

Hauteur 1 mètre 38 cent. Largeur 97 cent. Toile.

———

156.   PYNACKER (École de).

PAYSAGE AVEC ANIMAUX.

Dans un site qu'anime le cours d'une rivière, on voit des chèvres, au premier plan, qui se désaltèrent dans une mare.

Hauteur 1 mètre 25 cent. Largeur 85 cent. Toile.

———

157.   LAIRESSE (Gérard de).

LA CONTINENCE DE SCIPION.

Le nom de Gérard de Lairesse, né à Liége, en 1640, est resté célèbre, parmi les artistes de cette époque.

Dès l'âge de quinze ans se révéla une vocation d'artiste à laquelle il ajouta des succès comme savant anatomiste, écrivain remarquable, professeur habile et graveur éminent.

La direction de l'Académie des Beaux-Arts d'Amsterdam, qu'il exerça de la manière la plus efficace, achève de consacrer son souvenir sur le sol de la Hollande, devenue son pays d'adoption, sans qu'il oubliât la Belgique, son pays natal.

Voici un des bons tableaux académiques de ce maître, où

l'on reconnaît l'homme d'érudition formé à l'étude sérieuse de l'histoire, et chez lequel les recherches de l'archéologue se combinent avec la liberté du pinceau.

On peut dire que le tableau représentant l'épisode si connu sous le titre de *La Continence de Scipion*, durant les guerres d'Espagne, ressemble à une page détachée de l'histoire romaine.

Couleur locale, vérité des attitudes, contraste des personnages, pureté du dessin à la fois ferme et correct, sobriété harmonieuse du coloris, mais surtout jeu fidèle des physionomies, tout se réunit pour recommander cette belle composition à un musée ou à une académie des beaux-arts.

Hauteur 1 mètre 80 cent. Largeur 2 mètres 60 cent. Toile.

---

158.   LEDOUX (Mlle).

TÊTE DE JEUNE FILLE. — LA MODESTIE.

Hauteur 39 cent. Largeur 31 cent. Toile..

---

159.   GREUZE (ÉCOLE DE).

TÊTE DE JEUNE FILLE.

Hauteur 46 cent. Largeur 35 cent. Toile.

---

160. Sous ce Numéro, seront vendus les tableaux qui n'ont pas été classés à leur rang d'ordre.

Les porcelaines, curiosités, armes, objets d'art, sont décrits dans un autre catalogue.

VENTE A BRUXELLES

Tableaux anciens et modernes

(GALERIE DE M. GUSTAVE COUTEAUX)

Vente des 20, 21 et 22 mars 1865

Me *Vergote*, notaire.

M. *Étienne Le Roy*, expert.

—

Parmi les ventes dont nous regrettons de n'avoir pu rendre compte plus tôt, se place en première ligne celle de la galerie de M. Gustave Coûteaux. Elle a donné des résultats très intéressants, qui se résument dans un chiffre total de 270,000 francs.

TABLEAUX MODERNES.

4 — Brillouin (G.). Ronde militaire. — 1,200 fr.

5 — Le même. Le petit Théâtre. — 800 fr.

6 — Calame. Paysage suisse. — 3,000 fr.

11 — Charlet. Souvenir du Consulat. — 1,000 fr.

44 — Diaz de la Pena. Les Nymphes endormies. — 1,600 fr.

45 — Le même. Nymphe tourmentée par l'Amour. — 950 fr.

50 — Fichel. Avant le Bal. — 280 fr.

53 — Géricault. Études de croupes d'après nature. — 9,090 fr.

54 — Glaize (Aug.). Les Grâces cherchant à captiver l'Amour. — 1,450 fr.

58 — Guillemin. Intérieur rustique d'une famille bretonne. — 2,800 fr.

63 — Hamman. Le Message. — 1,550 fr.

66 et 67 — Isabey. Scène de l'Inquisition et Épisode de la Ligue. — Les deux, 2,400 fr.

68 — Jacque (Ch.). Jeune gardeuse de moutons. — 6,000 fr.

69 — Le même. Paysage avec troupeau de moutons. — 3,000 fr.

70 — Le même. Troupeau de porcs effrayés par l'approche d'un orage. — 1,900 fr.

77 — Koekkoek. Effet d'hiver en Hollande. — 3,450 fr.

79 — Lamorinière. Paysage. — 1,600 fr.

88 — Leys (Henri). Convives se rendant à une fête. — 18,000 fr.

89 — Le même. L'entrée en ville. — 15,000 fr.

90 — Le même. L'arrivée à destination. — 7,000 fr.

91 — Le même. La réception. — 6,800 fr.

92 — Le même. Les apprêts du festin. — 6,100 fr.

Ces cinq peintures sont la reproduction des fresques que l'artiste a exécutées à Anvers, dans sa salle à manger.

93 — Le même. Saint-Luc. — 5,900 fr.

94 — Le même. Le Lecteur. — 6,700 fr.

95 — Le même. Intérieur d'un corps de garde ; esquisse. — 510 fr.

96 — Lies (Joseph). Rapt, pillage, incendie. — 3,250 fr.

97 — Le même. La visite à la ferme. — 4,050 fr.

98 — Le même. Faust et Méphistophélès. 2,650 fr.

100 — Madou. Une Rixe. — 4,075 fr.

101 — Marilhat. Chemin creux à l'entrée d'une forêt. — 1,800 fr.

107 — Ricard. Tête de jeune fille. — 2,100 fr.

109 — Roelofs. Paysage. — 2,200 fr., au Musée de Lille.

110 — Rousseau (Théodore). Paysage. — 1,350 fr.

120 — Stevens (Joseph). Chien de chasse. — 1,175 fr.

122 — Le même. Chien griffon. — 1,200 fr.

123 — Le même. Singe. — 1,775 fr.

124 — Le même. Chiens. — 1,825 fr.

126 — Stevens (Alfred). Le petit dessinateur. — 390 fr.

129 — Trayer. La jeune malade. — 2,550 fr.

130 — Van Hove. Intérieur d'une sacristie. — 1,425 fr.

131 — Le même. Intérieur d'une synagogue. — 1,450 fr.

134 — Verboeckhoven (Eug.). Le chien de Terre-Neuve et l'épagneul. — 2,600 fr.

135 — Le même. Animaux au pâturage. — 3,500 fr.

137 — Verlat. Chiens et perroquets. — 3,000 fr.

142 — Willems. La Missive. — 5,500 fr.

143 — Le même. La Messagère ailée. — 3,000 fr.

144 — Le même. Intérieur. — 3,300 fr.

145 — Le même. Enfant jouant avec sa poupée. — 1,625 fr.

TABLEAUX ANCIENS.

146 — Teniers (David) le fils. Cuisine de l'archiduc Léopold au dix-septième siècle. — 13,300 fr.

147 — Van Dyck. Sainte Marthe implorant le Christ en faveur des habitants de Tarascon (Bouches-du-Rhône). — 8,000 fr.

149 — Heem (David de). Nature morte. — 1,000 fr.

157 — Lairesse (Gérard de). La continence de Scipion. — 800 fr.

VENTES PROCHA

En l'Hôtel Drouot et à la salle Sylvestre, à Paris, dans les Dé

Tableaux, gravures, objets d'art et de curiosi

os Abonnés trouveront au bureau du journal des catalo

LE LUNDI 24 AVRIL 1865

*VENTE après départ de Mlle ***, artiste dramatique.*

DIAMANTS, BIJOUX,
ARGENTERIE.

magnifiques paires de boucles d'oreilles

Brascassat, Moutons dans un enclos.
Decamps, Caravane traversant un pont.
Decamps, Bohémiens au repos.
Delaroche, Galilée étudiant.
Gudin, Marine : Côtes de Sicile.
Ingres, Françoise de Rimini.
Isabey, Départ de chasse.
Leys, Le Vœu.
Meissonier, Amateurs chez un peintre.
Meissonier, Jeune Homme lisant.
Robert Fleury, Ecole juive.
Robert Fleury, La Leçon de lecture.
Saint-Jean, Raisins.
Troyon, Vaches au pâturage.
H. Vernet, Courrier russe.

VENTE, par suite de décès, à l'hôtel Drouot, salle n° 5.

Le mardi 2 mai 1865, à 3 heures précises.

M⁰ Charles **PILLET**, commissaire-priseur, rue de Choiseul, 11, et M. **ESCRIBE**, son confrère, rue Saint-Honoré, 217, assisté de M. Francis **PETIT**, expert, 43, rue de Provence

EXPOSITIONS : particulière, le dimanche 30 avril ; publique, le lundi 1ᵉʳ mai, de 1 heure a 5 heures.

LE JEUDI 4 MAI 1865

COLLECTION DE M. B. DE S...

TABLEAUX ANCIENS ET MODERNES

Aquarelles et Sépias, composant la collection de M. B. de S...

TABLEAUX ANCIENS : Beaubrun, Boucher, Mme Vigée-Lebrun, Demarne, Gérard Dow, Van Dyck, Franck, Karel-Dujardin, Largillière, Peter Lely, Van der Meulen, Mignard, Moucheron, Peter Neefs, G. Netscher, C. Poelembourg, Porbus, Paul Potter, Van Romeyn, Swebach, D. Teniers, Terburg, Tournière, A. Van Velde, J Vernet, Watteau, Weenix, Wouvermans, Wynants.

TABLEAUX MODERNES, par : Bouton, A. Couder, Deveria, Ed. Frère, André Giroux, Gudin, Montfallet, Picot, Smitz, Steuben, Ulrich.

AQUARELLES et DESSINS, par : Alaux, Beaume, Bellangé, Bonington, Bouton, W. Callow, Charlet, Cogniet, Coignet, Eug. Delacroix, Deveria, Dauzats, Decamps, Paul Delaroche, Jules Dupré, Enfantin, Th. Fragonard, Géricault, Granet, Gudin, Harding, Hubert, Isabey, Johannot, Eug. Lami, Lemud, X. Leprince, Michallon, Fielding, Prout, Prud'hon, Redouté, Robert Fleury, Leopold Robert, Roqueplan, Ary Scheffer, Schnetz, Stanfield, Stow, Topfer, Carle Vernet, Watelet, Wattier.

VENTE après décès, à l'hôtel Drouot, salle n° 5.

Les jeudi 4 et vendredi 5 mai 1865, à 2 heures.

Par le ministère de M⁰ **SEIGNEUR**, commissaire-priseur, rue Favart, 6, et de M⁰ Charles **PILLET**, son confrère, rue de Choiseul, 11, assistés de M. Francis **PETIT**, rue de Provence, 43, et de M. **DHIOS**, rue Le Peletier, 33, experts.

EXPOSITION PUBLIQUE le mercredi 3 mai 1865, de 1 h. à 5 heures. (Voir le catalogue).

EURÉKA-CHARPENTIER.

SICCATIF **incolore** pour remplacer l'huile et le vernis. — 2 fr. le flacon, rue Richelieu, n° 38.

TABLEAUX ANCIENS

On fait savoir au public qu'une vente aux enchères de tableaux anciens formant la galerie de M. le duc de LAFOENS va avoir lieu à Lisbonne, le 23 avril prochain et jours suivants, à onze heures du matin, dans son palais du Grillo.

On peut prendre connaissance du catalogue chez M. Norbert Estibal, 12, place de la Bourse, tous les jours jusqu'au 25 du courant inclusivement.

Le Directeur-Propriétaire, ERNEST FILLONNEAU.

Typ. de G. Kugelmann, 13, r. Grange-Batelière

VENTE COUTEAUX.

Voici les prix qui ont été payés pour quelques-uns des principaux tableaux de la vente de M. Gust. Coûteaux, faite la semaine dernière à Bruxelles :

Calame, Paysage suisse, 3,000 fr. ; *Diaz de la Pena*, Nymphes endormies, 1,600 fr. ; *J. Dupré*, Paysage, 1,525 fr. ; *Dyckmans*, Intérieur de cuisine, 1,525 fr. ; *Fromentin*, Visite au califat, 6,500 fr. ; *Géricault*, Chevaux, étude d'après nature, 9,000 fr.; *Gudin*, Falaises de la Bretagne, 1,125 fr.; *Guillemin*, Intérieur d'une famille bretonne, 2,800 fr.; *Jacques*, Jeune gardeuse de moutons, 6,000 fr.; *Koekkoek*, Effet d'hiver, 3,450 fr.; *Lamorinière*, Vue des environs de Spa, 1,625 fr.; *Leys*, reproduction des fresques d'une salle à manger : Convives se rendant à une fête, 18,000 fr.; l'Entrée en ville, 15,000 fr.; l'Arrivée à destination, 7,000 fr.; la Réception, 6,800 fr.; les Apprêts du festin, 6,100 fr.; ces cinq tableaux réunis, mis à prix 58,200 fr., n'ont pas trouvé de surenchère et sont restés aux mains de leurs divers acquéreurs ; *Leys*, Saint Luc, 5,900 fr.; le Lecteur, 6,700 fr.; *Lies*, Rapt, 3,250 fr.; la Visite à la ferme, 4,050 fr.; Faust et Méphistophélès, 2,650 fr.; *Madou*, Rixe dans une taverne, 4,175 fr.; *Maritha*, Chemin creux à l'entrée d'une forêt, 1,800 fr.; *Ricard*, Tête de jeune fille, 2,100 fr.; *Roelofs*, Paysage, 2,200 fr.; *Schelfhout*, Paysage des environs de La Haye, 1,800 fr.; *Slingeneyer*, Mort héroïque du comte de Bucquoy, 1,650 fr.; *Stevens*, Chien de chasse, 1,175 fr.; Chien griffon, 1,200 fr.; Singe, 1,775 fr.; Deux chiens, 1,825 fr.; *Van Hove*, Intérieur d'une synagogue, 1,425 fr.; *Verboeckhoven*, le Chien de Terre-Neuve et l'Épagneul, 2,600 fr.; *Verlat*, Chien et perroquet, 3,000 fr.; *Willems*, la Missive, 5,500 fr.; la Messagère ailée, 3,000 fr.; Intérieur, Jeune femme lisant, 3,300 fr.; Enfant jouant avec une poupée, 1,625 fr.; *Teniers* (le fils), Cuisinier de l'archiduc Léopold au xviie siècle, 13,300 fr.

tourbillon quelques grains de poussière et les peser gravement, ce serait trop naïf. Disons seulement que cette lecture a été une sorte de panorama où se sont succédé de vigoureux tableaux tracés en quelques lignes, des portraits très-vivants et colorés, de petites esquisses spirituelles, des scènes dramatiques indiquées avec un art à la fois puissant et familier. Si les nécessités de la lecture ont contenu un peu cette nature exubérante qu'on aimerait tant à voir s'épancher en toute facilité et en tout abandon, la phrase du moins qu'on nous a lue nous apporte quelque chose de cette jeunesse souriante, de cette vivacité nerveuse, de ce mouvement incessant et rapide qui sont comme les signes particuliers d'Alexandre Dumas.

G. F.

VARIÉTÉS.

Nous pensons être agréable à nos lecteurs en publiant les vers frais et charmants, si parfumés de jeunesse, que M. Théodore de Banville vient d'adresser à M. J. Janin.

EN RECEVANT LA TROISIÈME ÉDITION DES
OEUVRES D'HORACE.

A MON CHER MAITRE JULES JANIN.

Amis, quel zéphyr souffle, frais et pur,
Sur ce Paris noir, plein d'un trouble obscur?

la responsabilité ...
venir.
Elle sera exclusivement chargée du placement et du